अंदाज़ अपना अपना

चुनिंदा अशआर

अंदाज़ अपना अपना

संचयन

रमेश चन्द्र

वाणी प्रकाशन ग्रुप

भारतीय ज्ञानपीठ

वाणी प्रकाशन : भारतीय ज्ञानपीठ की पुस्तकों के एकमात्र प्रकाशक एवं वितरक

लोकोदय ग्रन्थमाला : ग्रन्थांक 937

सजिल्द पहला संस्करण : 2017
सजिल्द दूसरा संस्करण : 2025

वाणी प्रकाशन : भारतीय ज्ञानपीठ की पुस्तकों के एकमात्र प्रकाशक एवं वितरक

वाणी प्रकाशन
4695, 21-ए, दरियागंज, नयी दिल्ली-110 002
दूरभाष : 011-23273167, 23275710
ईमेल : sales@vaniprakashan.in
www.vaniprakashan.com

ISBN : 978-93-7112-066-1

मूल्य : ₹ 375

अंदाज अपना अपना
(संचयन)
रमेश चन्द्र

ANDAZ APANA APANA
(Poetry Collection)
by Shiv Kumar Shiv

आवरण-सज्जा : गौरी त्रिपाठी
मुद्रक : आर. टेक ऑफसेट प्रिंटर्स, दिल्ली-110 032

पिताश्री
रायबहादुर जगमंदरदास जी की
स्मृति में

निवेदन

इस प्रकाशन को उर्दू शायरी का प्रतिनिधि संकलन नहीं कहा जा सकता। यह मक़सद भी नहीं था। उर्दू शायरी के विशाल समुद्र से मोती चुनने का काम मेरे लिए मुश्किल होता, क्योंकि इसके लिए शौक़ और ज़ौक़ दोनों की ज़रूरत है। शौक़ तो हमेशा से रहा है, लेकिन ज़ौक़ के लिए तो उर्दू भाषा-साहित्य का ज्ञान आवश्यक था। और मैं तो उर्दू कम ही जानता हूं। यह संग्रह तो इसलिए मुमकिन हो सका कि अदबी महफ़िलों, मुशायरों या रोज़ाना की जिंदगी में जो शेर पढ़ने-सुनने में आये, वो या तो याददाश्त में कहीं महफ़ूज़ रहे या मैंने उन्हें कहीं लिख लिया। इस तरह बूंद-बूंद से घड़ा भर गया।

यों तो मेरी राय में हिंदी उर्दू एक ही मां की संतान हैं। शौरसेनी प्राकृत से ब्रजभाषा और फिर खड़ी बोली की ही विरासत उर्दू के रूप में विकसित हुई। उसकी परवरिश दिल्ली में हुई। रुहेलखंड इलाक़े में भी इसका बड़ा प्रभाव था। रुहेलखंड क्षेत्र का एक क़स्बा नजीबाबाद मेरा जन्म-स्थान है, जहां हमारा परिवार शायद तभी से आबाद है जब मुग़ल सेनापति नजीबुद्दौला ने शहर बसाया था। अगर फ़ारसी मिश्रित हिंदी को एक अलग ज़बान का दर्जा दिया जा सके तो वहां की बोलचाल की ज़बान उर्दू ही कही जा सकती है। मैं स्वयं तो स्कूल में हिंदी का विद्यार्थी था, लेकिन परिवार में सब बड़े उर्दू पढ़े थे। शहर में तथा कभी घर में भी मुशायरे अक्सर होते रहते थे, जिनको हम बड़े चाव से सुनते और आगे बैठकर दाद देते थे। हमारे शहर के संभ्रांत परिवारों में दिल्ली की भाषा, तहज़ीब व नज़ाकत-नफ़ासत का स्पष्ट असर था।

उन दिनों अपनी बात करते वक़्त या तकरीर में शेर उद्धृत करने का रिवाज़ था, जो किसी हद तक आज भी है। उर्दू शेरो-शायरी में एक रवानी और चुटीलापन है, जो वातावरण को सजीव बना देते हैं। दरअसल एक शेर के ज़रिये हम उस विचार का सारांश प्रस्तुत कर सकते हैं जिसके लिए दस वाक्य बोलने पड़ते। इस तरह अगर मैं ये कहूं कि यह शौक़ क्षेत्र तथा परिवेश की देन है तो ग़लत न होगा।

इस संकलन में अमीर खुसरो, 'मीर' से लेकर बशीर 'बद्र', दुष्यंत कुमार तक के शेर शामिल हैं। पुराने अधिक हैं नये कम, क्योंकि अरसे से मुशायरों में आना-जाना छूट गया है। हर शायर का अपना-अपना ख़ूबसूरत अंदाज़ है जो दिल को छू लेता है। बक़ौल 'हसरत' मोहानी के—

शेर दरअसल वही है 'हसरत',
सुनते ही दिल में जो उतर जाए।

इसमें बहुत से शेर ऐसे हैं जिनके लेखक का नाम मुझे मालूम न होने के कारण 'अज्ञात' लिख दिया गया है। मशहूर शुअरा के मशहूर अशआर के साथ यह न्याय नहीं है। अगले संस्करण से पहले कोशिश करूंगा कि यह कमी दूर हो सके। पाठकों की सहूलियत के लिए शेर विषयवार प्रस्तुत करने की कोशिश की है, लेकिन यह काम ज़ाहिरा ही मुश्किल था। हर शेर भाव की दृष्टि से कई जगह स्थान पा सकता था।

संकलन के प्रकाशन का विचार मिला डॉ. वेदप्रताप वैदिक से। बिखरी हुई सामग्री में से इंतिख़ाब के काम में गुलज़ार ने मदद की। ज्ञानपीठ के साथियों में श्री दिनेश मिश्र और श्री पद्मधर त्रिपाठी ने तरतीब दी व सम्पादन किया। परिवारजन में सुरेश ने मदद की। उनका एक शेर भी इस संग्रह में शामिल है। प्रसिद्ध विद्वान डॉ. गोपी चंद नारंग ने आख़िरी मुहर लगायी और प्रस्तावना लिखी। इन सबके प्रति मैं आभार प्रकट करता हूँ।

अगर आप प्रस्तुत संकलन को कहीं अपने इर्द-गिर्द पाते हैं, महसूस करते हैं तो अपना प्रयास सफल मानूंगा।

—**रमेश चन्द्र**

सी-48, गुलमोहर पार्क
नयी दिल्ली – 110 049

15 अगस्त, 2000

प्रस्तावना

शेरों की पसंद का अजीब मुआमला है। इनसे ज़िंदगी को आपने किन शर्तों पर जीया है या आपको ज़िंदगी ने किस तरह झेला और बरता है, उसका हाल तो मालूम हो ही जाता है, सच तो यह है कि शेरों से दिल का चोर भी खुलकर सामने आ जाता है :

खुलता किसी पे क्यूं मेरे दिल का मुआमला,
शेरों के इंतिख़ाब ने रुस्वा किया मुझे।

फिर पसंद-नापसंद भी तो अलग-अलग हो सकती है, अपने-अपने तजरबे, ज़ौक़ और ज़र्फ़ की वजह से। तभी तो कहा जाता है 'पसंद अपनी अपनी ख़्याल अपना अपना'। लेकिन कुछ चीज़ें ऐसी भी होती हैं कि सबकी निगाह ठहर जाती है, जैसे कुछ चेहरे ऐसे होते हैं कि जी में खुब जाते हैं। इसी तरह कुछ शेर भी ऐसे होते हैं कि ज़बान पर बेसाख़्ता चढ़ जाते हैं। वैसे तो सौंदर्य एक रहस्य है जिसको खोलना आसान नहीं। दिलवालों का कथन है कि 'अपना माशूक़ तो वो है जो अदा रखता है', या जैसा फ़ारसी में कहा जाता है कि 'करिश्मा दामन-ए-दिल मी कशद कि जा ईं जा अस्त'। यह 'अदा' या 'करिश्मा' क्या है जो दिल के दामन को अपनी ओर खींचता है। इसका कोई आसान जवाब नहीं। सौंदर्य की तरह शायरी भी बस वो है जिसका जादू सर चढ़कर बोले। ज़ेरे नज़र किताब 'अंदाज़ अपना अपना' में भी श्री रमेश चन्द्र ने उर्दू शायरी के सदियों के सरमाये से ऐसे हीरे-मोती चुने

हैं जिनकी आब-ओ-ताब कभी कम न होगी और जिनकी कशिश हमेशा दिल को खींचती रहेगी।

ये चुनिंदा अशआर श्री रमेश चन्द्र के सुथरे मज़ाक़ और ज़िंदगी भर के तजरबे का निचोड़ हैं। इस आईना-ख़ाने में मीर व ग़ालिब, मुसहफ़ी व मोमिन और दाग़ व फ़ानी से लेकर फैज़ व फ़िराक़, शहरयार व बशीर 'बद्र' तक सबके लहजों की गूंज सुनाई देगी। इंतिख़ाब निहायत उम्दा और भरपूर है जिसमें ज़िंदगी की हर झलक मिलेगी और पढ़नेवालों के लिए लुत्फ़ो-मज़े का बहुत सामान है। रमेश चन्द्र जी के ज़ौक़ो-शौक़ के पेशे-नज़र लगता है कि उनकी नज़र पूरी उर्दू शायरी पर रही है, और ज़िंदगी के हर मोड़ पर चुभते हुए शेरों को वह जमा करते गये हैं। यूं यह किताब एक जामे-जहां-नुमा बन गयी है। ज़िंदगी, इंसानियत, रूहानियत, सौंदर्य, प्रेम, तसव्वुर, वतनपरस्ती, आत्म-विश्वास, मज़हब, दुनियादारी, व्यंग्य, मयकदा हर मौज़ू पर अच्छे शेरों का ऐसा ज़ख़ीरा है कि ज़िंदगी की हर करवट एक खुली किताब की तरह सामने आ जाती है। फूल तो बेशक बाग़ में खिलते हैं, लेकिन उनसे गुलदस्ता बनाना बाग़बान का कमाल है। आशा है शेरों के इस गुलदस्ते की महक सदा बाक़ी रहेगी और इसका हुस्न हमेशा अपने बाग़बान की याद दिलाता रहेगा।

—गोपी चंद नारंग

नयी दिल्ली
9 अगस्त, 2000

अंदाज़
अपना
अपना

ज़िंदगी

ग़रज़ कि काट दिये ज़िंदगी के दिन ऐ दोस्त,
वो तेरी याद में हों या तुझे भुलाने में।

—'फ़िराक़' गोरखपुरी

है ख़बर गर्म उनके आने की,
आज ही घर में बोरिया न हुआ।

—'ग़ालिब'

दुनिया ने तजरबातो-हवादिस की शक्ल में,
जो कुछ मुझे दिया है, वो लौटा रहा हूं मैं।

—'साहिर' लुधियानवी

इस दौर में ज़िंदगी बशर की,
बीमार की रात हो गयी है।

—'फ़िराक़' गोरखपुरी

जिसमें बचपन का मेरे क़िस्सा है,
उम्र का बेहतरीन हिस्सा है।

—'जोश' मलीहाबादी

मेरे चमन में कोई नशेमन नहीं रहा,
या यूं कहो कि बर्क़ की दहशत नहीं रही।

—दुष्यंत कुमार

कुछ ऐसे सिलसिले भी चले ज़िंदगी के साथ,
कड़ियां मिलीं जो उनकी तो ज़ंजीर बन गये।

—यूसुफ़ 'बहज़ाद'

मौत से न डर हौसला न हार,
ज़िंदगी को ढूंढ़ हादसात में।

—'अज़ीज़' नहटौरी

मुख़ालफ़त से मेरी शख़्सियत संवरती है,
मैं दुश्मनों का बड़ा एहतेराम करता हूं।

—बशीर 'बद्र'

कोई आज तक न समझा कि शबाब है तो क्या है,
यही उम्र जागने की, यही नींद का ज़माना।

—नुसूर वाहिदी

ज़माना बड़े शौक़ से सुन रहा था,
हमीं सो गये दास्तां कहते-कहते।

—'साक़िब' लखनवी

क़िस्मत की ख़ूबी देखिए टूटी कहां कमंद,
दो-चार हाथ जब कि लबे-बाम रह गया।

—शेख़ क़यामउद्दीन 'क़ायम'

तर दामनी पे शेख़ हमारी न जाइयो,
दामन निचोड़ दें तो फ़रिश्ते वज़ू करें।

—मीर 'दर्द'

ये न थी हमारी क़िस्मत कि विसाले-यार होता,
अगर और जीते रहते यही इंतिज़ार होता।

—'ग़ालिब'

कोई उम्मीद बर नहीं आती,
कोई सूरत नज़र नहीं आती।

—'ग़ालिब'

हज़ारों ख़्वाहिशें ऐसी कि हर ख़्वाहिश पे दम निकले,
बहुत निकले मेरे अरमान लेकिन फिर भी कम निकले।

—'ग़ालिब'

वो आये हैं पशेमां लाश पर अब,
तुझे अय ज़िंदगी लाऊं कहां से?

—'मोमिन'

उम्र सारी तो कटी इश्क़े-बुतां में 'मोमिन',
आख़री वक़्त में क्या ख़ाक मुसलमां होंगे।

—'मोमिन'

लायी हयात आये, क़ज़ा ले चली चले,
अपनी ख़ुशी से आये, न अपनी ख़ुशी चले।

—'ज़ौक़'

ऐ 'ज़ौक़' तकल्लुफ़ में है तकलीफ़ सरासर,
आराम से वो हैं जो तकल्लुफ़ नहीं करते।

—'ज़ौक़'

रोशनी जिनसे हुई दुनिया में, उनकी क़ब्र पर,
आज इतना भी नहीं जाकर कोई रख दे चिराग़।

—'हाफ़िज़'

जब मैं चलूं तो साया भी अपना न साथ दे,
जब तुम चलो, ज़मीन चले, आस्मां चले।

—'जलील' मानकपुरी

हम तुम मिले न थे तो जुदाई का था मलाल,
अब ये मलाल है कि तमन्ना निकल गयी।

—'जलील' मानकपुरी

कोई दम का मेहमां हूं ऐ अहले-महफ़िल,
चिराग़े-सहर हूं, बुझा चाहता हूं।

—इक़बाल

ज़बां को बन्द करें या मुझे असीर करें,
मिरे ख़याल को बेड़ी पिन्हा नहीं सकते।

—'चकबस्त'

आदत के बाद दर्द भी देने लगा है लुत्फ़,
हंस हंस के आह आह किये जा रहा हूं मैं।

—'आरज़ू' लखनवी

इन्हीं पत्थरों पे चलकर अगर आ सको तो आओ,
मेरे घर के रास्ते में कोई कहकशां नहीं है।

—मुस्तफ़ा ज़ैदी

कोई हाथ भी न मिलाएगा जो गले मिलोगे तपाक से,
ये नये मिज़ाज का शहर है ज़रा फ़ासले से मिला करो।

— बशीर 'बद्र'

जी बहुत चाहता है सच बोलें,
क्या करें, हौसला नहीं होता।

— बशीर 'बद्र'

मुझको उस वैद्य की विद्या पे तरस आता है,
भूखे लोगों को जो सेहत की दवा देता है।

—'नीरज'

तनज़्ज़ुल की हद देखना चाहता हूं,
कि शायद वहीं हो तरक़्क़ी का ज़ीना।

— अज्ञात

होता नहीं है कोई बुरे वक़्त में शरीक,
पत्ते भी भागते हैं ख़िज़ां में शजर से दूर।

— अज्ञात

ख़मोशी से मुसीबत और भी संगीन होती है,
तड़प ऐ दिल तड़पने से ज़रा तस्कीन होती है।

— अज्ञात

भलाई इसलिए चाही कि हों भले मशहूर,
ग़रज़ कि अपने ही मतलब के आश्ना थे हम।

— अज्ञात

बहुत कुछ पांव फैलाकर भी देखा 'शाद' दुनिया में,
मगर आख़िर जगह हमने न दो गज़ के सिवा पायी।

—'शाद' अज़ीमाबादी

ज़िन्दगी अपनी जब इस शक्ल से गुज़री 'ग़ालिब',
हम भी क्या याद करेंगे कि ख़ुदा रखते थे।

—'ग़ालिब'

जमा करते हो क्यों रक़ीबों को,
एक तमाशा हुआ गिला न हुआ।

—'ग़ालिब'

हमने माना कि तग़ाफ़ुल न करोगे लेकिन,
ख़ाक हो जाएंगे हम तुमको ख़बर होने तक।

—'ग़ालिब'

हम पर तिरी निगाह जो पहले थी अब नहीं,
सो भी न कुछ दिनों में रहे तो अजब नहीं।

—'हसरत' मोहानी

या रब! तेरी रहमत से मायूस नहीं 'फ़ानी',
लेकिन तेरी रहमत की ताख़ीर को क्या कहिए।

—'फ़ानी'

तिनकों से खेलते ही रहे आशियां में हम,
आया भी और गया भी ज़माना बहार का।

—अज्ञात

किस तरफ़ जाऊं, किधर देखूं, किसे आवाज़ दूं?
ऐ हुजूमे-नामुरादी जी बहुत घबराये है।

—अज्ञात

होशो-हवास, ताबो-तबां 'दाग़' जा चुके,
अब हम भी जाने वाले हैं सामान तो गया।

—'दाग़'

मौत ही इंसान की दुश्मन नहीं,
ज़िंदगी भी जान लेकर जाएगी।

—'जोश' मलसियानी

'सौदा' की जो बाली पे गया शोरे-क़यामत,
ख़ुद्दामे-अदब बोले—अभी आंख लगी है।

—'सौदा'

न पूछो मुझसे गुलशन की हक़ीक़त,
बरस गुज़रे कि मैं हूं और क़फ़स है।

— अज्ञात

वो हैं अमीर, निज़ामे-जहां बनाते हैं,
मैं हूं फ़क़ीर मिज़ाजे-जहां बदलता हूं।

— अज्ञात

अब इससे क्या ग़रज़ ये हरम है कि दैर है,
बैठे हैं हम तो साया-ए-दीवार देखकर।

— अज्ञात

ज़िंदगी से तो क्या शिकायत हो,
मौत ने भी भुला दिया है हमें।

— अज्ञात

सिर्फ़ अफ़सुर्दा दिली को क्या कहें,
हमको जीने का हुनर आता न था।

— *अज्ञात*

जिस दिन से चला हूं मेरी मंज़िल पे नज़र है,
आंखों ने कभी मील का पत्थर नहीं देखा।

— *अज्ञात*

ज़िंदगी एक फ़क़ीर की चादर,
जब ढके पांव हमने, सर निकला।

— *अज्ञात*

हमराह चलो मेरे या राह से हट जाओ,
दीवार के रोके से दरिया कहीं रुकता है?

— *अज्ञात*

सहारा मौत ने आकर दिया तो कब दिया हमको,
हमारी ज़िन्दगी जब दिन मुसीबत के गुज़ार आयी।

— *अज्ञात*

मौसमे-गुल में सितम हाय ख़िज़ां याद न कर,
चन्द घड़ियां हैं ख़ुशी की, इन्हें बरबाद न कर।

— अज्ञात

बदशाहों की मोअत्तर ख़्वाब-गाहों में कहां ?
वो मज़ा जो भीगी-भीगी घास पर सोने में है।

— अज्ञात

जब डूब ही जाने का यक़ीं है तो न जाने,
ये लोग सफ़ीनों से उतर क्यों नहीं जाते।

— अमीर क़ज़लबाश

मुसीबत और लम्बी ज़िंदगानी,
बुज़ुर्गों की दुआ ने मार डाला।

—'मुज़्तर' ख़ैराबादी

क्या देखता है हाथ मेरा छोड़ ऐ तबीब,
यां जान ही बदन में नहीं, नब्ज़ क्या चले।

— 'ज़ौक़'

दिल टूटने से थोड़ी सी तकलीफ़ तो हुई,
लेकिन तमाम उम्र को आराम हो गया।

—*'सफ़ी' लखनवी*

मैं जिसके हाथ में एक फूल दे के आया था,
उसी के हाथ का पत्थर मेरी तलाश में है।

—*'वसीम' बरेलवी*

मौत से बदतर बुढ़ापा आएगा,
जान से अच्छी जवानी जाएगी।

—*'दाग़'*

बवक़्ते क़त्ल मक़तल में कोई हमदम न था अपना,
निगाह कुछ देर तक लड़ती रही शमशीरे क़ातिल से।

—*'हफ़ीज़' जालंधरी*

निकलना खुल्द से आदम का सुनते आये थे लेकिन,
बहुत बे-आबरू होकर तेरे कूचे से हम निकले।

—*'ग़ालिब'*

हो गया अब इश्क़ हम-आग़ोश तूफ़ान-ए-शबाब,
अक़्ल बैठी रह गयी साहिल पे शरमायी हुई।

—'हफ़ीज़' जालंधरी

ज़िंदगी क्या किसी मुफ़लिस की क़बा है जिसमें,
हर घड़ी दर्द के पेबन्द लगे जाते हैं।

—'फ़ैज़'

लाग़िर हूं इस क़दर मुझे पहचानती नहीं,
रह रह के देखती है क़ज़ा सर से पांव तक।

—'अमीर' मीनाई

जनाज़े वालो, न चुपके क़दम बढ़ाये चलो,
उसी का कूचा है, टुक करते हाय-हाय चलो।

—'सोज़'

ग़ज़ल उसने छेड़ी मुझे साज़ देना,
ज़रा उम्रे-रफ़्ता को आवाज़ देना।

—'सफ़ी' लखनवी

सुबह को राज़े-गुलो-शबनम खुला,
हंसने वाले रात भर रोया किये।

—*'साक़िब' लखनवी*

क़ैदे-हयात, बंदे-ग़म अस्ल में दोनों एक हैं,
मौत से पहले आदमी ग़म से निजात पाये क्यों?

—*'ग़ालिब'*

मुट्ठियों में ख़ाक लेकर दोस्त आये बवक़्ते-दफ़्न,
ज़िंदगी भर की मुहब्बत का सिला देने लगे।

—*'साक़िब' लखनवी*

नतीजा एक ही निकला कि थी क़िस्मत में नाकामी,
कभी कुछ कह के पछताये, कभी चुप रह के पछताये।

—*'आरज़ू' लखनवी*

तेरे सवाल पर चुप है, इसे ग़नीमत जान,
कहीं जवाब न दे दे कि मैं नहीं सुनता।

—*'शाद' अज़ीमाबादी*

नातवां बीमारे-ग़म, उस पर थपेड़े मौत के,
बुझ गया आख़िर चिराग़े-सुबह लहराने के बाद।

—'आरज़ू' लखनवी

कुछ तो लतीफ़ होतीं घड़ियां मुसीबतों की,
तुम एक दिन तो मिलते, दो दिन की ज़िंदगी में।

—'साग़र' निज़ामी

उम्रे-दराज़ मांग कर लाये थे चार दिन,
दो आरज़ू में कट गये, दो इंतज़ार में।

—'ज़फ़र'

नींद भी मौत बन गयी है 'अदम',
बेवफ़ा रात भर नहीं आती।

—'अदम'

मौत का एक दिन मौअय्यन है,
नींद क्यों रात भर नहीं आती।

— ग़ालिब

बहुत दूर तुझसे कभी मैं न था,
मगर दिन लगे थे सफ़र में बहुत।

— शहरयार

सीने में जलन, आंखों में तूफ़ान सा क्यों है,
इस शहर में हर शख़्स परेशान सा क्यों है।

— शहरयार

क्या पूछता है तू मेरी बरबादियों का हाल,
थोड़ी सी ख़ाक लेके हवा में उड़ा के देख।

—*'जलील'* मानिकपुरी

चला जाता हूं हंसता खेलता मौजे हवादिस से,
अगर आसानियां हों, ज़िंदगी दुश्वार हो जाए।

—*'असग़र'* गोंडवी

मिली हवाओं में उड़ने की वो सज़ा यारो,
मैं ज़मीन के रिश्तों से कट गया यारो।

—*'वसीम'* बरेलवी

हर शख़्स दौड़ता है यहां भीड़ की तरफ़,
फिर ये भी चाहता है उसे रास्ता मिले।

—'वसीम' बरेलवी

जिनके आंगन में अमीरी का शजर लगता है,
उनका हर ऐब ज़माने को हुनर लगता है।

— अंजुम रहबर

सच बात मान लीजिए चेहरे पे धूल है,
इल्ज़ाम आइनों पे लगाना फ़िज़ूल है।

— अंजुम रहबर

इसी फ़रेब में सदियां गुज़ार दीं हमने,
गुज़िश्ता साल से शायद ये साल बेहतर हो।

—'मेराज' फ़ैज़ाबादी

तुम गये तो कभी सहर न हुई,
रात ही आयी रोज़ रात के बाद।

— 'माजिद' देवबदी

बे-सरो-सामां ही बेहतर कट रही है ज़िंदगी,
घर बना तो रोज़ घर लुटने का डर हो जाएगा।

— *अरुण साहिबाबादी*

ख़्वाब कैसे होते हैं, पूछते हो क्या उनसे,
भूख जिन ग़रीबों को रात भर सताती है।

— *अरुण साहिबाबादी*

साथ भी छोड़ा तो कब, जब सब बुरे दिन कट गये,
ज़िंदगी तूने यहां आकर दिया धोखा मुझे।

— *'नातिक़' गुलावठी*

वो ज़िंदगी के कड़े कोस याद आते हैं,
तेरी निगाहे-करम का घना-घना साया।

— *'फ़िराक़' गोरखपुरी*

मक़ाम 'फ़ैज़' कोई राह में जंचा ही नहीं,
जो कूए-यार से निकले तो सूए-दार चले।

— *'फ़ैज़'*

झोंपड़ी क़तरा-ए-शबनम को तरस जाती है,
जो घटा आती है महलों पे बरस जाती है।

— अज्ञात

जंगल में सांप, शहर में बसते हैं आदमी,
सांपों से बच के आये तो डसते हैं आदमी।

—'फ़ैज़'

शाम से ही बुझा सा रहता है,
दिल हुआ है चिराग़ मुफ़लिस का।

—'मीर'

गोरी सोये सेज पर मुख पर डारे केस,
चल 'खुसरो' घर आपने भई रैन चहुं देस।

—अमीर 'खुसरो'

इंसानियत

फूलों को मैं बिछाऊं कहां है मेरी बिसात,
कांटे उठा लिये हैं मगर तेरी राह से।

— अल्लाह मेहर 'शाहिद'

ख़ंजर चले किसी पे तड़पते हैं हम 'अमीर',
सारे जहां का दर्द हमारे जिगर में है।

—'अमीर' मीनाई

बस कि दुश्वार है हर काम का आसां होना,
आदमी को भी मय्यसर नहीं इंसां होना।

—'ग़ालिब'

आपसे झुक के जो मिलता होगा,
उसका क़द आपसे ऊंचा होगा।

— अहमद नदीम 'क़ासमी'

देखा उन्हें क़रीब से हमने तो रो दिये,
जिन बस्तियों को आग लगाने चले थे हम।

— ख़ुर्शीद-उल-इस्लाम

हुस्न तो है ही करो लुत्फ़े-ज़ुबां भी पैदा,
'मीर' को देखो कि सब लोग भला कहते हैं।

—'मीर'

मत सहल हमें जानो फिरता है फ़लक बरसो,
तब ख़ाक के परदे से इंसान निकलते हैं।

—'मीर'

बेकसो-मजबूर इंसां को दुआ देता हूं मैं,
वार करता है कोई तो मुस्करा देता हूं मैं।

— अज्ञात

वक़्त सौ मुंसिफ़ों का मुंसिफ़ है,
वक़्त आएगा इन्तज़ार करो।

— अज्ञात

शक्ल, सूरत, नाम, पहनावा, ज़बां अपनी जगह,
फ़र्क़ वरना कुछ नहीं इंसान और इंसान में।

— *अज्ञात*

इंसानियत ख़ुद अपनी निगाहों में है ज़लील,
इतनी बलन्दियों पै तो इंसां कभी न था।

— *अज्ञात*

यह क्या मुंसिफ़ी है कि महफ़िल में तेरी,
किसी का भी हो जुर्म, पायें सज़ा हम।

—*'हसरत' मोहानी*

आगे किसू के क्या करें दस्ते-तमअ़ दराज़,
यह हाथ सो गया है सिरहाने धरे-धरे।

—*'मीर'*

जंगलों में सर पटकता जो मुसाफ़िर मर गया,
अब उसे आवाज़ देता कारवां आया तो क्या?

—*'जोश' मलीहाबादी*

अब इस क़दर तू ख़ुदा के क़रीब है ज़ाहिद,
तेरे वजूद में इंसान का ज़मीर नहीं।

—'अदम'

आती है ऐसे बिछड़े हुए दोस्तों की याद,
जैसे चराग़ जलते हों रातों को गांव में।

—'अदम'

आदमीयत है फ़रिश्तों से बहुत दूर 'रविश',
वाइज़े-शहर को दुश्वार है इंसां होना।

—'रविश' सिद्दीक़ी

माना कि इस ज़मीं को न गुलज़ार कर सके,
कुछ ख़ार कम तो कर गये गुज़रे जिधर से हम।

—'साहिर' लुधियानवी

ज़ंग-आलूद सही फिर भी अवामी जज़्बे,
रंग और नस्ल के पाबंद रहेंगे कब तक।

— नरेश कुमार 'शाद'

कुछ मेरे बाद और भी आएंगे क़ाफ़िले,
कांटे यह रास्ते से हटा लूं तो चैन लूं।

—'तसव्वुर' किरतपुरी

तलाशो-जुस्तजू की सरहदें अब ख़त्म होती हैं,
ख़ुदा मुझको नज़र आने लगा इंसाने-कामिल में।

—'अलम'

ख़ाकसारी का है ग़ाफ़िल! बहुत ऊंचा मर्तबा,
ये ज़मीं वो है कि जिस पर आसमां कोई नहीं।

— अज्ञात

फ़रिश्ते से बेहतर है इंसान बनना,
मगर इसमें पड़ती है मेहनत ज़ियादा।

—'फ़रहत' कानपुरी

गर भाई हो ज़ालिम तो हिमायत नहीं अच्छी,
हक़ पर हो जो दुश्मन तो अदावत नहीं अच्छी।

—'राज़' नोमानी

सीख ले फूलों से ग़ाफ़िल मुद्दआ-ए-ज़िंदगी,
ख़ुद महकना ही नहीं, गुलशन को महकाना भी है।

—'असर' लखनवी

हर एक शय और महंगी और महंगी होती जाती है,
बस इक ख़ूने-बशर है जिसकी अर्ज़ानी नहीं जाती।

— अली सरदार जाफ़री

आसमानों से बरसता है अंधेरा कैसा?
अपनी पलकों पे लिये जश्ने-चिराग़ां चलिए।

— अली सरदार जाफ़री

धूप में प्यासे को पानी, शब को रस्ते में चिराग़,
जाने वाले लोग कितने साहिबे-किरदार थे।

— शेख़ परवेज़ 'आरिफ़'

रखते हैं जो औरों के लिए प्यार का जज़्बा,
वो लोग कभी टूट कर बिखरा नहीं करते।

— अज्ञात

हम वो सियाहबख़्त हैं 'रिज़वी' कि शहर में,
खोलें दुकान कफ़्न की, सब मरना छोड़ दें।

— रिज़वी

इन्हीं ज़र्रों से होंगे कल नये कुछ कारवां पैदा,
जो ज़र्रे आज उड़ते हैं गुबारे-कारवां हो कर।

—'शफ़क' टौंकी

रूहानियत

तमाम उम्र इसी एहतयात में गुज़री,
कि आशियां किसी शाखे़-चमन पे बार न हो।

—'महशर' लखनवी

मुमकिन है कि तू जिसको समझता है बहारां,
औरों की निगाहों में वो मौसम हो ख़िज़ां का।

— इक़बाल

अब तो घबरा के ये कहते हैं कि मर जाएंगे,
मर के भी चैन न पाया तो किधर जाएंगे।

—'ज़ौक़'

जनाज़ा कहता जाता है बराबर कांधे वालों से,
मेरे पीछे चले आओ, तुम्हारा रहनुमा मैं हूं।

—'बेदिल'

महफ़िल का ये सन्नाटा तोड़े तो कोई 'नाज़िश',
साग़र ही छलक जाए, आंसू ही टपक जाए।

—'नाज़िश'

आंखों ने इंतिज़ार को जान कर,
पलकों को जां-नमाज़ बना कर बिछा दिया।

— गुलज़ार अहमद 'गुलज़ार'

इक चीज़ थी ज़मीर जो वापस न ला सका,
लौटा तो है ज़रूर वो दुनिया ख़रीद कर।

— क़मर इक़बाल

घर से मस्जिद है बहुत दूर, चलो यूं कर लें,
किसी रोते हुए बच्चे को हंसाया जाए।

— निदा फ़ाज़ली

मैं तो बस ज़िंदगी से डरता हूं,
मौत तो एक बार मारेगी।

— गुलज़ार अहमद 'गुलज़ार'

ये दुनिया है यहां कोई जगह ख़ाली नहीं रहती,
किसी के आने जाने से कभी कुछ कम नहीं होता।

— बशीर 'बद्र'

किस रुत के मुंतज़िर हैं ये पेड़ रास्तों पर,
ख़ुद धूप में खड़े हैं साया मुसाफ़िरों पर।

— शहज़ाद अहमद

बुतख़ाना तोड़ डालिए, मस्जिद को ढाइए,
दिल को न तोड़िए, ये ख़ुदा का मुक़ाम है।

—'आतिश'

इशरते-क़तरा है दरिया में फ़ना हो जाना,
दर्द का हद से गुज़रना है दवा हो जाना।

—'ग़ालिब'

हमको मालूम है जन्नत की हक़ीक़त लेकिन,
दिल के ख़ुश रखने को 'ग़ालिब' यह ख़याल अच्छा है।

—'ग़ालिब'

ख़ुदी को कर बलन्द इतना कि हर तक़दीर से पहले,
ख़ुदा बन्दे से ख़ुद पूछे बता तेरी रज़ा क्या है।

— *इक़बाल*

दर्शन

जैसा दर्द हो वैसा मंज़र होता है,
मौसम तो इंसान के अंदर होता है।

— अज़ीज़ ऐजाज़

बरसात में तालाब तो हो जाते हैं कमज़र्फ़,
बाहर कभी आपे से समंदर नहीं होता।

—'ऐजाज़' रहमानी

अज़ल तो मुफ़्त में बदनाम है ज़माने में,
कुछ उनसे पूछ, जिन्हें ज़िंदगी ने मारा है।

—'फ़ैज़'

उस शख़्स के ग़म का कोई अंदाज़ा लगाये,
जिसको कभी रोते हुए देखा न किसी ने।

— वकील 'अख़्तर'

बागबां ने आग दी जब आशियाने को मेरे,
जिनपे तकिया था वही पत्ते हवा देने लगे।

—'साक़िब' लखनवी

ख़ुद को पढ़ता हूं छोड़ देता हूं,
इक वरक़ रोज़ मोड़ देता हूं।

— ताहिर फ़राज़

तिरे चराग़ अलग हों, मिरे चराग़ अलग,
मगर उजाला तो फिर भी जुदा नहीं होता।

—'वसीम' बरेलवी

न किसी की आंख का नूर हूं, न किसी के दिल का क़रार हूं,
जो किसी के काम न आ सके, मैं वो एक मुश्ते-ग़ुबार हूं।

—'ज़फ़र'

मैं अकेला ही चला था जानिबे-मंज़िल मगर,
लोग साथ आते गये और कारवां बनता गया।

—'मजरूह' सुलतानपुरी

बड़ा शोर सुनते थे पहलू में दिल का,
जो चीरा तो इक क़तरए-ख़ूं न निकला।

—'आतिश'

कहूं किससे मैं कि क्या है, शबे-ग़म बुरी बला है,
मुझे क्या बुरा था मरना अगर एक बार होता।

—'ग़ालिब'

दिले नादां तुझे हुआ क्या है,
आख़िर इस दर्द की दवा क्या है।

—'ग़ालिब'

रगों में दौड़ने-फिरने के हम नहीं क़ायल,
जो आंख ही से न टपका तो फिर लहू क्या है।

—'ग़ालिब'

आंसू तो बहुत हैं आंखों में 'जिगर' लेकिन,
बिंध जाए तो मोती है, रह जाये तो दाना है।

—'जिगर' मुरादाबादी

कहानी मेरी रूदादे-जहां मालूम होती है,
जो सुनता है उसी की दास्तां मालूम होती है।

—'सीमाब' अकबराबादी

रास्ता है कि कटता जाता है,
फ़ासला है कि कम नहीं होता।

—'क़ाबिल' अजमेरी

तर्के-तआल्लुक़ात को इक लम्हा चाहिए,
लेकिन तमाम उम्र मुझे सोचना पड़ा।

—'फ़ना' कानपुरी

मिट्टी का जिस्म लेके चले हो तो सोच लो,
इस रास्ते में एक समंदर भी आएगा।

— सलीम शाहिद

कह रहा था मौजे-दरिया से समुंदर का सुकूं,
जितना जिसका ज़र्फ़ है उतना ही वो ख़मोश है।

— अज्ञात

रंज से ख़ूगर हुआ इंसां तो मिट जाता है रंज,
मुश्किलें इतनी पड़ीं मुझ पर कि आसां हो गयीं।

—'ग़ालिब'

जिसको ख़बर नहीं, उसे जोशो-ख़रोश है,
जो पा गया है राज़, वो गुम है ख़मोश है।

— पं. ब्रजमोहन दत्तात्रेय 'कैफ़ी'

मौजों की सियासत से मायूस न हो 'फ़ानी',
गरदाब की हर तह में साहिल नज़र आता है।

—'फ़ानी'

हर चीज़ का खोना भी बड़ी दौलत है,
बेफ़िक्री से सोना भी बड़ी दौलत है।

—'अमज़द' हैदराबादी

नियाज़े-इश्क़ को समझा है क्या ऐ वाइज़े-नादां,
हज़ारों बन गये काबे जहां मैंने जबीं रख दी।

— अज्ञात

मर्ग एक मांदगी का वक़्फा है,
यानी आगे चलेंगे दम् ले कर।

— अज्ञात

जहां चोट खाना, वहीं मुस्कराना,
मगर इस अदा से कि रो दे ज़माना।

—'वामिक़' जौनपुरी

शोर यूं ही न परिंदों ने मचाया होगा,
कोई जंगल की तरफ़ शहर से आया होगा।

— अज्ञात

मेरी मुट्ठी में सुलगती रेत रख कर चल दिया,
कितनी आवाज़ें दिया करता था ये दरिया मुझे।

— अज्ञात

तमाम रिश्तों को मैं घर पे छोड़ आया था,
फिर उसके बाद मुझे कोई अजनबी न मिला।

— अज्ञात

उसकी फ़ितरत में नहीं, रुक के कोई बात सुने,
वक़्त आवाज़ है, आवाज़ को आवाज़ न दो।

— अज्ञात

यं सफ़र भी कितना तवील है, यहां वक़्त कितना क़लील है,
कहां लौटकर कोई आएगा, जो गुज़र गया सो गुज़र गया।

— अज्ञात

बड़े लोगों से मिलने में हमेशा फ़ासला रखना,
जहां दरिया समंदर से मिला, दरिया नहीं रहता।

— अज्ञात

मुझे ज़िंदगी की दुआ देनेवाले,
हंसी आ रही है तेरी सादगी पर।

— अज्ञात

कभी किसी को मुकम्मल जहां नहीं मिलता,
कभी ज़मीं तो कभी आसमां नहीं मिलता।

— अज्ञात

हर आदमी में होते हैं दस-बीस आदमी,
जिसको भी देखना हो कई बार देखना।

— अज्ञात

दफ़नाना देखभाल के हसरत भरे की लाश,
लिपटी हुई कफ़न में कोई आरज़ू न हो।

— अज्ञात

सख़्त काफ़िर था जिसने पहले 'मीर',
मज़हब-ए-इश्क़ अख़्तियार किया।

—'मीर'

गुनहगारों में शामिल हैं, गुनाहों से नहीं वाक़िफ़,
सज़ा को जानते हैं हम, ख़ुदा जाने ख़ता क्या है?

—'चकबस्त'

उन्हीं को हम जहां में रहबरे-कामिल समझते हैं,
जो हस्ती को सफ़र और क़ब्र को मंज़िल समझते हैं।

—'बर्क़'

वही रात मेरी, वही रात उनकी,
कहीं बढ़ गयी है, कहीं घट गयी है।

—'साक़िब' लखनवी

नातवां देख कर अफ़सोस न आया मुझ पर,
वो ख़फ़ा हैं कि उड़ायी है नज़ाकत मेरी।

—'दाग़'

बेदरो दीवार-सा इक घर बनाया चाहिए,
कोई हमसाया न हो और पासबां कोई न हो।

—'ग़ालिब'

हुस्न और इश्क के नैरंग ख़ुदा ही जाने,
शमअ़ जलती है कि दिल जलता है परवाने का।

—'साक़िब' लखनवी

दस्ते-शफ़क़त इस तरह इक रिंद ने फेरा 'रियाज़',
बैठकर यादे-ख़ुदा में झूमना जाता रहा।

—'रियाज़' ख़ैराबादी

एक अफ़साने के दो उनवान हैं मर्गो-हयात,
एक उनमें ख़्वाब है, इक ख़्वाब की ताबीर है।

— एहसान दानिश

ये इश्क़ नहीं आसां बस इतना समझ लीजे,
इक आग का दरिया है और डूब के जाना है।

—'जिगर' मुरादाबादी

कुछ ढेर राख के हैं, कुछ अधजली सी लकड़ी,
आया था इक मुसाफ़िर सहराए-ज़िंदगी में।

— 'जमील' मज़हरी

अगर नहीं है ये दस्ते-हवस की कमज़ोरी,
तो फिर दराज़िए-दस्ते-दुआ को क्या कहिए।

— 'जमील' मज़हरी

तामीरे-कायनात को गहरी नज़र से देख,
वह ज़र्रा कौन सा है यहां जो अहम नहीं।

— 'निहाल' स्योहारवी

कभी रहा हूं मैं इस दर्जा बे-सरो-सामां,
किसी की चश्मे इनायत भी बार गुज़री है।

— जां निसार 'अख़्तर'

की नहीं उम्र भर ख़ता जिसने,
उसने तौहीने-ज़िंदगी की है।

— नरेश कुमार 'शाद'

कोई समझे तो एक बात कहूं,
इश्क़ तौफ़ीक़ है, गुनाह नहीं।

—'फ़िराक़' गोरखपुरी

इससे बढ़कर दोस्त कोई दूसरा होता नहीं,
सब जुदा हो जाएं, लेकिन ग़म जुदा होता नहीं।

—'जिगर' मुरादाबादी

किसी को साग़रे-ज़र से किसी को ओक से साक़ी,
सरे-महफ़िल न यूं बरबाद कर तहज़ीबे-इंसां को।

—'अलम'

कुछ ऐसा डूबने का न होता मुझे मलाल,
मुश्किल ये आ पड़ी थी कि साहिल नज़र में था।

—'नैयर' अकबराबादी

बुझते हुए चराग़ भी हैं, काम के 'असर',
शमएं नयी उन्हीं से जलाते चले चलो।

—'असर'

न हारा है इश्क़ और न दुनिया थकी है,
दिया जल रहा है, हवा चल रही है।

—'खुमार' बाराबंकवी

यूं सब को भुला दे कि तुझे कोई न भूले,
दुनिया ही में रहना है तो दुनिया से गुज़र जा।

—'फ़ानी'

हर इक मुक़ाम से आगे मुक़ाम है तेरा,
हयात ज़ौक़े सफ़र के अलावा कुछ भी नहीं।

— इक़बाल

जिस्म से रूह का रिश्ता भी अजब रिश्ता है,
उम्र भर साथ रहे फिर भी तआर्रुफ़ न हुआ।

— अज्ञात

सौंदर्य

हज़ारों साल नरगिस अपनी बेनूरी पे रोती है,
बड़ी मुश्किल से होता है चमन में दीदावर पैदा।

— इक़बाल

गुनगुनाती हुई आती हैं फ़लक से बूंदें,
कोई बदली तेरी पाज़ेब से टकरायी है।

— अज्ञात

बाम पर चढ़कर किसी ने बाल जो बिखरा दिये,
पानी-पानी हो गयी काली घटा बरसात की।

— अज्ञात

उसके बदन से हुस्न टपकता नहीं तो फिर,
लबरेज़ आबो-रंग है क्यों पैराहन तमाम।

—'मुसहफ़ी'

क्या नज़ाकत है कि आरिज़ उनके नीले पड़ गये,
हमने तो बोसा लिया था ख़्वाब में तसवीर का।

— अज्ञात

दिल में आते हुए शरमाते हैं,
अपने जलवों में छुपे जाते हैं।

— अज्ञात

क्या हुस्न का अफ़साना महदूद हो लफ़्ज़ों में,
आंखें ही कहें उसको, आंखों ने जो देखा है।

— अज्ञात

रुख़े-रोशन के आगे शमूअ रखकर वो ये कहते हैं,
उधर जाता है देखें या इधर परवाना आता है।

— अज्ञात

वो आये बज़्म में इतना तो 'मीर' ने जाना,
फिर उसके बाद चिराग़ों में रोशनी न रही।

—'मीर'

दास्तां उनकी अदाओं की है रंगीं, लेकिन,
उसमें कुछ ख़ूने-तमन्ना भी है शामिल अपना।

—'असग़र'

कल चौदहवीं का चांद था, शब भर रहा चर्चा तेरा,
कुछ ने कहा ये चांद है, कुछ ने कहा चेहरा तेरा।

—'हसरत' मोहानी

अंदाज़ अपना देखते हैं आईने में वो,
और ये भी देखते हैं कोई देखता न हो।

—'निज़ाम'

सबब खुला ये हमें, उनके मुंह छिपाने का,
उड़ा न ले कोई अंदाज़ मुस्कराने का।

—'दाग़'

ज़िक्र जब छिड़ गया क़यामत का,
बात पहुंची तेरी जवानी तक।

—'फ़ानी'

किसी ने लफ़्जे-'रुख़' बेनुक़्ता कब आलम में देखा है?
न होता किस तरह नुक़्ता-रुख़े महबूब पर तिल का।

—'अमीर' मीनाई

नक़ाब उनके चेहरे से सरका है शायद,
बड़ी दूर तक बर्क़ लहरा रही है।

—'अदम'

किस दर्जा दिल आवेज़ था आने का ये अंदाज़,
बिखरी हुई ज़ुल्फ़ों को बनाते हुए आये।

— 'निहाल' स्योहारवी

क्या ख़ुशनुमा बनाये हैं हक़ ने तुम्हारे हाथ,
करते बवक़्ते-रक़्स हैं क्या-क्या इशारे हाथ।

— अज्ञात

'मीर' इन नीम-बाज़ आंखों में,
सारी मस्ती शराब की सी है।

—'मीर'

बहुत बढ़ चढ़ के दावे चौदहवीं का चांद करता है,
तुम्हें मेरी क़सम उठना, ज़रा तुम भी संवर जाना।

— 'अहसन' मारहरवी

प्रेम

प्यार के बारे में इतना नहीं सोचा जाता,
उससे कह दो मेरी आंखों का सफ़र ख़त्म करे।

—'वसीम' बरेलवी

तुम मुख़ातिब भी हो क़रीब भी हो,
तुमको देखें कि तुमसे बात करें।

—'फ़िराक़' गोरखपुरी

जब कहा मैंने कि प्यार आता है तुम पर,
हंस के कहने लगे और आपको आता क्या है?

—'अकबर' इलाहाबादी

उनका हाथ था मेरे हाथ में,
आग लग गयी कायनात में।

— अज़ीज़ नहटौरी

वो नहीं आएगा, लेकिन मुझको,
उसके वादे पे भरोसा क्यों है।

—'मौज' रामपुरी

तस्कीन-ए-दिल के वास्ते वादा तो कीजिए,
हम जानते हैं आप से आया न जाएगा।

— अज्ञात

अब शिद्दत-ए-ग़म से मेरा दम घुटने लगा है,
तुम रेशमी ज़ुल्फ़ों की हवा क्यों नहीं देते।

— अज्ञात

आपको मैंने निगाहों में बसा रखा है,
आईना छोड़िए, आईने में क्या रखा है।

— हिना तैमूरी

उजाले अपनी यादों के हमारे साथ रहने दो,
न जाने किस गली में ज़िंदगी की शाम हो जाए।

— बशीर 'बद्र'

शबे इंतज़ार की कश्मकश में ना पूछ कैसे सहर हुई,
कभी इक चराग़ बुझा दिया कभी इक चराग़ जला दिया।

—'मजरूह' सुलतानपुरी

कभी हममें तुममें भी चाह थी कभी हमसे तुमसे भी राह थी,
कभी हम भी तुम भी थे आशनां तुम्हें याद हो कि न याद हो।

—'मोमिन'

इब्तदाए-इश्क़ है रोता है क्या,
आगे-आगे देखिए होता है क्या।

—'मीर'

तेरे वादे पे जिये हम तो ये जान झूठ जाना,
कि ख़ुशी से मर न जाते अगर ऐतबार होता।

—'ग़ालिब'

क़तअ़ कीजे न तआल्लुक़ हमसे,
कुछ नहीं है तो अदावत ही सही।

—'ग़ालिब'

हमको उनसे वफ़ा की है उम्मीद,
जो नहीं जानते वफ़ा क्या है।

—'ग़ालिब'

जान देना किसी पे लाज़िम है,
यों ज़िन्दगी बसर नहीं होती।

— अज्ञात

हम नहीं वो, जो करें ख़ून का दावा तुम पर,
बल्कि पूछेगा ख़ुदा भी तो मुकर जाएंगे।

—'ज़ौक़'

लाये उस बुत को इल्तिजा करके,
कुफ़्र टूटा ख़ुदा-ख़ुदा करके।

—'नसीम' देहलवी

हुस्न ने उसको चुन लिया ऐ 'बर्क़',
इश्क़ ने हमको इंतेख़ाब किया।

—'बर्क़' लखनवी

तुमको आता है प्यार पर ग़ुस्सा,
मुझको ग़ुस्से पे प्यार आता है।

—'अमीर' मीनाई

इब्तिदा वो थी कि जीना था मुहब्बत में मुहाल,
इंतिहा ये है कि अब मरना भी मुश्किल हो गया।

—'जिगर' मुरादाबादी

छाये जाते हैं दर्दे दिल बनकर,
उस पे ताक़ीदे ज़ब्ते-हाल भी है।

—'जिगर' मुरादाबादी

आप को जाते न देखा जाएगा,
शमूअ़ को पहले बुझाते जाइए।

—'ख़ुमार' बाराबंकवी

जादू है या तिलिस्म तुम्हारी ज़ुबान में,
तुम झूठ कह रहे थे मुझे ऐतबार था।

—'बेख़ुद' देहलवी

ऐ नामाबर तू ही बता तूने तो देखे होंगे,
कैसे होते हैं वे ख़त जिनका जवाब आता है।

— *अज्ञात*

हज़ार शुक्र कि मुद्दत में ये असर आया,
लिया जो नाम तेरा दिल में तू उतर आया।

— *अज्ञात*

उसको भूले हुए तो हो 'फ़ानी',
क्या करोगे अगर वो याद आया।

—*'फ़ानी'*

हाय ये मजबूरियां, महरूमियां, नाकामियां,
इश्क़ आख़िर इश्क़ है तुम क्या करो हम क्या करें।

— *अज्ञात*

दिल गया रौनक़े-हयात गयी,
ग़म गया सारी कायनात गयी।

— *अज्ञात*

हरम और दैर के कत्बे वो देखे जिसको फ़ुर्सत है,
यहां हद्दे-नज़र तक सिर्फ़ उनवाने-मुहब्बत है।

— *अज्ञात*

ये तो ऐ शर्ते-मुहब्बत कोई इंसाफ़ नहीं,
हम तमन्ना तो करें, अर्ज़े-तमन्ना न करें।

— *अज्ञात*

अजब कुछ लुत्फ़ रखता है शबे-ख़िलवत में दिलबर से,
सवाल आहिस्ता-आहिस्ता, जवाब आहिस्ता-आहिस्ता।

— *अज्ञात*

न बुतक़दे से काम न मतलब हरम से था,
महवे-ख़याले-यार रहे, हम जहां रहे।

—*'बेदार'*

कुछ नज़र आता नहीं उस सितमगर के सिवा,
हसरते-दीदार ने आंखों को अंधा कर दिया।

— *अज्ञात*

हिज्र में वस्ल का मिलता है मज़ा आशिक़ को,
शौक़ का मर्तबा जब हद से गुज़र जाता है।

—'आतिश'

ख़ूब दस्तूरे-मुहब्बत है कि महफ़िल में,
हश्र हो जाए मगर आंख उठाये न बने।

—'रविश' सिद्दीक़ी

ख़ुदा गवाह कि काटे से अब नहीं कटतीं,
ये इंतिज़ार की रातें ये इंतिज़ार के दिन।

—'जोश' मलीहाबादी

दीवानावार चांद से आगे निकल गये,
ठहरा न दिल कहीं भी तिरी अंजुमन के बाद।

— अज्ञात

वो बड़ा रहीम-ओ-करीम है, मुझे ये सिफ़त भी अता करे,
तुझे भूलने की दुआ करूं, तो मिरी दुआ में असर न हो।

— अज्ञात

तू मेरी ज़िंदगी से भी कतरा के चल दिया,
तुझको तो मेरी मौत पै भी इख़्तियार था।

— अज्ञात

हां, आप को देखा था मुहब्बत से हमीं ने,
जी, सारे ज़माने के गुनहगार हमीं हैं।

—'एहसान' दानिश

दिल वो नगर नहीं कि फिर आबाद हो सके,
पछताओगे, सुनो हो, ये बस्ती उजाड़ कर।

—'मीर'

अपने तो होंठ भी ना हिले उसके रूबरू,
रंजिश की वजह 'मीर' वो क्या बात हो गयी?

—'मीर'

हमें तेरी मुहब्बत में फ़क़त दो काम आते हैं,
जो रोने से कभी फ़ुर्सत मिली, ख़ामोश हो जाना।

—'फ़ानी'

सोचता रहता हूं इर्साल करूं या न करूं,
एक .ख़त कब से तेरे नाम लिखा रखा है।

— हिना तैमूरी

आंसू रवां हैं ज़ुल्फ़े-सियह के ख़याल में,
मोती पिरो रहा हूं तेरे बाल-बाल में।

— अमानत

क़रीने से अजब आरास्ता क़ातिल की महफ़िल है,
जहां सर चाहिए सर है, जहां दिल चाहिए दिल है।

—'दाग़'

दुनिया की फ़िक्र, दीन की बातें, .ख़ुदा की याद,
सब कुछ भुला दिया तेरे दो दिन के प्यार ने।

—'अख़्तर' शीरानी

मुझे सहल हो गयीं मंज़िलें, वो हवा के रुख़ भी बदल गये,
तेरा हाथ हाथ में आ गया, कि चिराग़ राह में जल गये।

—'मजरूह' सुलतानपुरी

सब कुछ खुदा से मांग लिया तुझको मांग कर,
उठते नहीं हैं हाथ मेरे इस दुआ के बाद।

— आगा हश्र

उफ़, तेरे जिस्म की गर्मी का तसव्वुर तौबा,
होंठ जलने लगे मिलने की दुआ जो मांगी।

— 'शम्स' देवबंदी

या रहें इसमें अपने घर की तरह,
या मेरे दिल में आप घर न करें।

—'जोश' मलसियानी

मोहब्बत में नहीं है फ़र्क़ जीने और मरने का,
उसी को देखकर जीते हैं जिस काफ़िर पे दम निकले।

— अज्ञात

ज़िंदगी में दो वक़्त गुज़रे हैं मेरे मुश्किल,
एक तेरे आने से पहले, एक तेरे जाने के बाद।

— अज्ञात

उनके ख़याल, उनकी तमन्ना में मस्त हूं,
मेरे लिए 'शकील' इबादत है ज़िंदगी।

—'शकील' बदायूंनी

मुहब्बत मानी-ओ-अल्फ़ाज़ में लायी नहीं जाती,
ये वो नाज़ुक हक़ीक़त है जो समझायी नहीं जाती।

— अज्ञात

मिज़राब का मुहताज नहीं साज़े-मुहब्बत,
वो आप ही बजता है, बजाया नहीं जाता।

— अज्ञात

इश्क़ से लोग मना करते हैं,
जैसे कि अख़्तियार हो अपना।

— अज्ञात

हुस्न ख़ुद ही इश्क़ का पैग़ाम है,
आंख मेरी मुफ़्त में बदनाम है।

— अज्ञात

पसे-मुर्दन बनाये जाएंगे साग़र मेरे दिल के,
लबे-जां बख़्श का बोसा मिलेगा ख़ाक में मिल के।

— अज्ञात

तसव्वुर

लाऊं वो तिनके कहां से आशियाने के लिए,
बिजलियां बेताब हों जिनको जलाने के लिए।

— इक़बाल

काम उससे आ पड़ा है जिसका जहान में,
लेवे न कोई नाम सितमगर कहे बग़ैर।

—'ग़ालिब'

आईना जब न उनके हाथ आया,
मुस्कुरा के मेरी ग़ज़ल मांगी।

— अज्ञात

रात बाक़ी थी जब वो बिछड़े थे,
कट गयी उम्र, रात बाक़ी है।

—'खुमार' बाराबंकवी

कभी कहा न किसी से तिरे फ़साने को,
न जाने कैसे ख़बर लग गयी ज़माने को।

—*'क़मर' जलालवी*

मेरे रोने की हक़ीक़त जिसमें थी,
एक मुद्दत तक वो काग़ज़ नम रहा।

—*'मीर'*

तेरी सूरत से किसी की नहीं मिलती सूरत,
हम जहां में तेरी तस्वीर लिये फिरते हैं।

—*'नासिख़'*

आवारगाने-इश्क़ का पूछा जो मैं निशां,
मुश्ते-ग़ुबार लेके सबा ने उड़ा दिया।

—*'मीर'*

कोई इस फ़स्ल में दीवाना हुआ है शायद,
कि हवा हाथ में ज़ंजीर लिये फिरती है।

—*'ऐशी'*

आह़ को चाहिए इक उम्र असर होने तक,
कौन जीता है तेरी ज़ुल्फ़ के सर होने तक।

—*'ग़ालिब'*

इस सादगी पे कौन न मर जाए ऐ ख़ुदा,
लड़ते हैं और हाथ में तलवार भी नहीं।

—*'ग़ालिब'*

क़फ़स में मुझसे रूदादे-चमन कहते न डर हमदम,
गिरी है जिस पै कल बिजली वो मेरा आशियां क्यों हो?

—*'ग़ालिब'*

तुम मेरे पास होते हो गोया,
जब कोई दूसरा नहीं होता।

—*'मोमिन'*

पसे-मर्ग मेरे मज़ार पर जो दिया किसी ने जला दिया,
उसे आह! दामने-बाद ने सरेशाम ही से बुझा दिया।

—*'ज़फ़र'*

एक दिल है और तूफ़ाने-हवादिस, ऐ जिगर,
एक शीशा हूं कि हर पत्थर से टकराता हूं मैं।

—'जिगर' मुरादाबादी

हर तरफ़ छा गये पैग़ामे-मुहब्बत बन कर,
मुझसे अच्छी रही क़िस्मत मेरे अफ़सानों की।

—'जिगर' मुरादाबादी

न जाने किस लिए उम्मीदवार बैठा हूं,
इक ऐसी राह पे जो तेरी रहगुज़र भी नहीं।

—'फ़ैज़'

न कोई ख़्वाब हमारे हैं न ताबीरें हैं,
हम तो पानी पे बनायी हुई तस्वीरें हैं।

—'क़तील' शिफ़ाई

पीछे बंधे हैं हाथ मगर शर्त है सफ़र,
किससे कहें कि पांव का कांटा निकाल दे।

—'ताज' भोपाली

वो इब्तिदा कि जलाया था एक चिराग़ अभी,
ये इंतिहा कि ख़ुद ही बुझा रहा हूं मैं।

— अज्ञात

बरस ऐ अब्र जितना चाहे तू अब तेरी बारी है,
कभी दिल था तो मैं रो-रो के एक दरिया बहाता था।

— ज़ियाउद्दीन 'ज़िया'

किसी कमीज़ के उघड़े हुए गरेबां पर,
तुम्हारे हाथ के टांके सलाम कहते हैं।

— अज्ञात

किसी ने फिर मेरे दिल का दिया जला तो दिया,
ये और बात है पहले सी रोशनी न रही।

— अज्ञात

मुद्दत के बाद उसने जो की लुत्फ़ की निगाह,
जी ख़ुश तो हो गया मगर आंसू निकल पड़े।

— अज्ञात

आस्तीं ख़ून में तर, प्यार जताते हो मगर,
क्या ग़ज़ब करते हो ख़ंजर तो छुपाओ साहब।

— अली सरदार जाफ़री

जो जहां है क़दम जमाये रहे,
क्या ख़बर कब ज़मीन चलने लगे।

— अज्ञात

हो गये बरसों कि आंखों की खटक जाती नहीं,
जब कोई तिनका उड़ा, घर अपना याद आया मुझे।

—'साक़िब' लखनवी

लौ शमए हक़ीक़त की अपनी ही जगह पर है,
फ़ानूस की गर्दिश से क्या-क्या नज़र आता है।

—'असग़र'

चली कुछ ऐसी मुख़ालिफ़ हवा ज़माने की,
पनाह बर्क़ ने ली मेरे आशियाने की।

—'जिगर' मुरादाबादी

मुद्दतें गुज़रीं तेरी याद भी न आयी हमें,
और हम भूल गये हों तुझे, ऐसा भी नहीं।

—'फ़िराक़' गोरखपुरी

जिनकी तामीर इश्क़ करता है,
कौन रहता है उन मकानों में।

—'फ़िराक़' गोरखपुरी

दोनों जहान तेरी मुहब्बत में हार के,
वो कौन जा रहा है शबे-ग़म गुज़ार के।

—'फ़ैज़'

ता सहर वो भी न छोड़ी तूने एक बादे-सबा,
यादगारे रौनक़े महफ़िल थी परवानों की ख़ाक।

— नईम 'जज़्बी'

उम्र भर जलता रहा दिल और ख़ामोशी के साथ,
शमअ़ को इक रात की सोज़े-दिली पे नाज़ था।

—'साक़िब' लखनवी

लहद पर चलने वाले सुन कि हम कुछ कह नहीं सकते,
ज़मीं रखती है मुंह पर हाथ जब फ़रियाद करते हैं।

—'साक़िब' लखनवी

हैफ़ उस चार गिरह कपड़े की क़िस्मत 'ग़ालिब',
जिसकी क़िस्मत में हो आशिक़ का गरेबां होना।

—'ग़ालिब'

बाद मरने के मेरे होगी, मेरे रोने की क़द्र,
तब कहा कीजेगा लोगों से 'वो बरसातें कहां?'

—'दर्द'

इस चांद सी जबीं पर इबादत का तल्ख़ बोझ,
ज़ालिम ख़याल कर अभी अहदे-शबाब है।

—'अदम'

नहीं मालूम, कल क्या पूछ लें वो मेहरबां होकर,
मुकम्मिल आज सब महरूमियों की दास्तां कर लें।

—'रविश' सिद्दीक़ी

मैंने सोचा है तो महसूस किया है इतना,
तू निगाहों से फ़क़त दिल में उतर सकती है।

— जां निसार 'अख़्तर'

'मजरूह' लिख रहे हैं वो अहले-वफ़ा का नाम,
हम भी खड़े हुए हैं गुनहगार की तरह।

—'मजरूह' सुलतानपुरी

जिसने पैदा किये हसीं, उसने,
क्या दिलावेज़ शायरी की है।

— नरेश कुमार 'शाद'

अल्लाह रे बेख़ुदी कि तेरे पास बैठ कर,
तेरा ही इंतज़ार किया है कभी-कभी।

— नरेश कुमार 'शाद'

वो पलकों पै आ ही गया बन के आंसू,
ज़बां पे न हम ला सके जो फ़साना।

— 'हसरत' सुहवाई

अब जिस तरफ़ से चाहे गुज़र जाए कारवां,
वीरानियां तो सब मिरे दिल में उतर गयीं।

— कैफ़ी आज़मी

दरिया हूं एक मुक़ाम पे रहता नहीं हूं मैं,
एक रफ़्ते-मुस्तक़ीम पे बहता नहीं हूं मैं।

— अज्ञात

इस हादसे को सुन के करेगा यक़ीं कोई,
सूरज को एक झोंका हवा का बुझा गया।

— अज्ञात

मुझे बहिश्त से इनकार की मजाल कहां,
मगर ज़मीन पे महसूस ये कमी तो करूं।

— अज्ञात

वतनपरस्ती

शहीदों की चिताओं पर लगेंगे हर बरस मेले,
वतन पर मरनेवालों का यही बाक़ी निशां होगा।

—*'हितैषी'*

ग़ाज़ियों में बू रहेगी जब तलक ईमान की,
तख़्ते-लंदन तक चलेगी तेग़ हिंदोस्तान की।

—*'ज़फ़र'*

दरो-दीवार पे हसरत से नज़र रखते हैं,
रुख़सत, ऐ अहले-वतन! हम तो सफ़र करते हैं।

—*'अख़्तर'*

अगर अब भी न समझोगे तो मिट जाओगे दुनिया से,
तुम्हारी दास्तां तक भी न होगी दास्तानों में।

— *इक़बाल*

कौन कहता है मर गये ये लोग,
क़ौम को ज़िंदा कर गये ये लोग।

—'असर' लखनवी

लहू जितना था सारा सर्फ़े-मक्तल हो गया, लेकिन,
शहीदाने-वफ़ा के रुख़ की ताबानी नहीं जाती।

— अली सरदार जाफ़री

ऐ वतन ख़ाके-वतन वो भी तुझे दे देंगे,
बच गया है जो लहू अब के फ़सादात के बाद।

— अली सरदार जाफ़री

उसको क्या हक़ है कि वोह ख़ाके-वतन में दफ़्न हो,
जिसके दिल में अज़मते-ख़ाके-वतन कुछ भी नहीं।

—'सीमाब' अकबराबादी

ऐ 'जोश' क्या ग़रज़ मुझे हूरो-क़सूर से,
मेरा वतन मेरे लिए जन्नत से कम नहीं।

—'जोश' मलसियानी

अगर तेग़ रखते नहीं 'जोश' हम,
क़लम हाथ में लो वतन के लिए।

—'जोश' मलसियानी

आत्मविश्वा

सजदे करूं, सवाल करूं, इल्तिजा करूं,
यूं दे तो कायनात मेरे काम की नहीं।

—'सीमाब' अकबराबादी

ग़ैरत नहीं रही तो है बेकार ज़िंदगी,
फैला के हाथ ज़र्फ़े-नआदमत न कर क़ुबूल।

—'अदब'

क़िस्मत में जो लिखा है वह आएगा आप से,
फैलाइए न हाथ, न दामन पसारिए।

—'आतिश'

बंदा तो इस इक़रार पै बिकता है तेरे हाथ,
लेना है अगर मोल तो आज़ाद न करना।

—'नज़्म'

गर शौक़े-तसादुम है तो टकराये ज़माना,
इक उम्र में पत्थर का जिगर हमने बनाया।

—'साग़र' निज़ामी

अपना ज़माना आप बनाते हैं अहले-दिल,
हम वो नहीं कि जिसको ज़माना बना गया।

—'जिगर' मुरादाबादी

यह नौह-ए-किश्ती बंद करो, .ख़ुद मौजे-तूफ़ां बन जाओ,
पैरों के तले साहिल होगा, साहिल की तमन्ना क्या मानी?

—'वामिक़' जौनपुरी

वही हक़दार हैं किनारों के,
जो बदल दें बहाव धारों के।

—'निसार' इटावी

.ख़ुदा तौफ़ीक़ देता है जिन्हें, वो यह समझते हैं,
कि .ख़ुद अपने ही हाथों से बना करती हैं तक़दीरें।

—'अफ़सर' मेरठी

क़तरा-क़तरा शबनम गिनकर क्या होगा?
दरियाओं की दावेदारी किया करो।

—'राहत' इंदौरी

देख यूं वक़्त की दहलीज़ से टकरा के न गिर,
रास्ते बंद नहीं सोचने वालों के लिए।

— 'फ़ारिग़' बुख़ारी

कुछ लोग थे कि वक़्त के सांचे में ढल गये,
कुछ लोग थे कि वक़्त के सांचे बदल गये।

— मख़मूर सईदी

मैं था ज़र्रा कारवां के साथ मंज़िल तक गया,
चांद-सूरज राह में आते रहे, जाते रहे।

— बेकल उत्साही

मज़हब

मुक़ाबिल ग़ैर मज़हब के तो मज़हब जोश रखता है,
अमूमन वरना अपने आप को बेहोश रखता है।

—'अकबर' इलाहाबादी

इस्लाम की रौनक़ का क्या हाल कहें तुमसे,
कौंसिल में बहुत सय्यद, मस्जिद में फ़क़त जुम्मन!

—'अकबर' इलाहाबादी

वो सिजदा क्या! रहे एहसास जिसमें सर उठाने का,
इबादत और ब-क़दरे-होश, तौहीने-इबादत है।

— अज्ञात

मज़ाहब क्या हैं? राहें—मुख़्तलिफ़ हैं एक मंज़िल की,
है मंज़िल क्या? जहां सब कुछ है, पर राहें नहीं होतीं।

—'अफ़सर' मेरठी

हम उसी को ख़ुदा समझते हैं,
जो मुसीबत में याद आ जाए।

— 'असर' लखनवी

सुन ही नहीं पाते हम जब सदा-ए-दिल अपनी,
क्या मिलेगा मस्जिद में, क्या मिले शिवालों में।

— सय्यद अबरार 'नग़मी'

दुनियादारी

बजा कहे जिसे आलम उसे बजा समझो,
ज़बाने-ख़ल्क़ को नक़्क़ारा-ए-ख़ुदा समझो।

—'ज़ौक़'

दीनो-दुनिया, सब्रो-ताक़त, अक़्लो-दिल, होशो-हवास,
आप ये सब ले चुके, कहिए तो अब क्या चाहिए।

—'तसलीम'

हम आह भी भरते हैं तो हो जाते हैं बदनाम,
वो क़त्ल भी करते हैं तो चर्चा नहीं होता।

—'अकबर' इलाहाबादी

हज़ार बार ज़माना उधर से गुज़रा है,
नयी-नयी सी है कुछ तेरी रहगुज़र फिर भी।

—'फ़िराक़' गोरखपुरी

जब भी चाहें इक नयी सूरत बना लेते हैं लोग,
एक चेहरे पर कई चेहरे सजा लेते हैं लोग।

—'क़तील' शिफ़ाई

दिल के फफोले जल उठे सीने के दाग़ से,
इस घर को आग लग गयी घर के चराग़ से।

— अज्ञात

आग अपने ही लगा देते हैं,
ग़ैर तो सिर्फ़ हवा देते हैं।

— मुहम्मद अलवी

चमकते बोलते शहरों को क्या हुआ 'नासिर',
कि दिन में भी मेरे घर की वही उदासी है।

—'नासिर' क़ाज़मी

रात को आदमी ज़िबह करके,
वो सुबह चींटियां चुगाते हैं।

— शिवओम अम्बर

अब हाले-दिल न पूछ कि ताबे-बयां कहां?
अब मेहरबां न हो कि ज़रूरत नहीं रही।

— अज्ञात

दिल क्या मिलाओगे कि हमें आ गया यक़ीं,
तुमसे तो ख़ाक में भी मिलाया न जाएगा।

— अज्ञात

मुझे याद करने से ये मुद्दआ था,
निकल जाए दम हिचकियां आते-आते।

— अज्ञात

बदनाम है जहां में 'ज़फ़र' जिनके वास्ते,
वो जानते नहीं कि 'ज़फ़र' किसका नाम है।

—'ज़फ़र'

हाले-बद गुफ़्तनी नहीं अपना,
तुमने पूछा तो मेहरबानी की।

— अज्ञात

एक तो बीमारे-जुदाई हूं मैं ख़ुद ही तिस पर,
पूछने वाले अलग जान को खा जाते हैं।

— अज्ञात

राह पर उनको लगा लाये तो हैं बातों में,
और खुल जाएंगे दो-चार मुलाक़ातों में।

— अज्ञात

अहले-ईमां 'सोज़' को कहते हैं काफ़िर हो गया,
आह! यारब! राज़े दिल उन पर भी ज़ाहिर हो गया।

'सोज़'

तुम्हें ग़ैरों से कब फ़ुरसत, हम अपने ग़म से कब ख़ाली,
चलो बस हो चुका मिलना, न तुम ख़ाली न हम ख़ाली।

— अज्ञात

आने में सदा देर लगाते ही रहे तुम,
जाते रहे हम जान से, आते ही रहे तुम।

— 'नासिख़'

है मेरा मक़सूद हासिल हर जगह,
हर जगह अब मंज़िले-मक़सूद है।

— *अज्ञात*

ऐ 'ज़ौक़'! होश गर है तो दुनिया से दूर भाग,
इस मयकदे में काम नहीं होशियार का।

—*'ज़ौक़'*

बाद रंजिश के गले मिलते हुए रुकता है दिल,
अब मुनासिब है यही कुछ मैं बढ़ूं कुछ तू बढ़े।

— *अज्ञात*

सितमगीरी की तालीमें उन्हें दी हैं ये कह-कहकर,
कि रोते जिस किसी को देख लेना, मुस्करा देना।

— *अज्ञात*

मैं तो जब मानूं कि भर दे साग़रे-हर-ख़ासो-आम,
यूं तो जो आया वही पीरे-मुग़ां बनता गया।

— *अज्ञात*

उनके देखे से जो आ जाती है मुंह पे रौनक़,
वो समझते हैं कि बीमार का हाल अच्छा है।

—'ग़ालिब'

इसी शहर में कई साल से मिरे कुछ क़रीबी अज़ीज़ हैं,
उन्हें मेरी कोई .खबर नहीं मुझे उनका कोई पता नहीं।

— अज्ञात

कोई तदबीर भूलने की नहीं,
याद आने के सौ बहाने हैं।

— अज्ञात

जिस दर पे कभी जान की मांगी थी दुआएं,
क़ातिल ने उसी दर पे जमायी है निगाहें।

— सुरेश जैन

चलता हूं थोड़ी दूर हर इक तेज़ रौ के साथ,
पहचानता नहीं हूं अभी राहबर को मैं।

—'ग़ालिब'

वो दुश्मनी से देखते हैं, देखते तो हैं,
मैं शाद हूं कि, हूं तो किसी की निगाह में।

—'अमीर' मीनाई

दुनिया से ले चला तो है तू हसरतों का बोझ,
काफ़ी नहीं है सर पे गुनाहों का बार क्या?

—'चकबस्त'

बराबर आईने के भी न समझे क़द्र वो दिल की,
इसे ज़ेरे-क़दम रक्खा, उसे पेशे-नज़र रक्खा।

—'अमीर' मीनाई

नहीं ज़रूरी कि मर जाएं जां निसार तेरे,
यही है मौत कि जीना हराम हो जाए।

—'फ़ानी'

आया न एक बार अयादत को वो मसीह,
सौ बार मैं फ़रेब से बीमार हो चुका।

— 'अमीर' मीनाई

कोई मुझ सा मुस्तहक़े-रहमो-ग़मख़्वारी नहीं,
सौ मरज़ हैं और बज़ाहिर कोई बीमारी नहीं।

—'नज़र' लखनवी

किस मुंह से ज़बां करती इज़हारे-परेशानी,
जब तुमने मेरी हालत सूरत से न पहचानी।

—'साक़िब' लखनवी

लाता नहीं पैग़ाम कोई इस पै है ये हाल,
क़ासिद को दिया करता हूं इनआ़म हमेशा।

—'आरज़ू' लखनवी

जवाब देने के बदले वो शक्ल देखते हैं,
यह क्या हुआ मेरे चेहरे को अर्ज़े-हाल के बाद।

—'आरज़ू' लखनवी

रोयी शबनम, गुल हंसा, गुंचा खिला मेरे लिए,
जिससे जो कुछ हो सका, उसने किया मेरे लिए।

—'उम्मीद' अमेठवी

मक़्तबे-इश्क़ का दुनिया में निराला है उसूल,
उसको छुट्टी न मिली, जिसको सबक़ याद हुआ।

— अज्ञात

बनाना चटानों के सीनों पे राह,
मगर अपने माज़ी पे रखना निगाह।

— अली सरदार जाफ़री

आप इस दौर के जलते हुए गुलज़ारों को,
कम से कम प्यार की शबनम से बुझाते रहिए।

— अज्ञात

हमें जब भी धोखा दिया दोस्तों ने,
हमें अपने दुश्मन बहुत याद आये।

— नरेश कुमार 'शाद'

तमाम उम्र यूं ही हो गयी बसर अपनी,
शबे-फ़िराक़ गयी, रोज़े-इंतज़ार आया।

—'नासिख़'

दोस्तों से हमने वो सदमे उठाये जान पर,
दिल से दुश्मन की अदावत का गिला जाता रहा।

—*'मीर'*

नहीं अपने किसी मक़सद से ख़ाली कोई भी सजदा,
ख़ुदा के नाम से करता है इंसां बंदगी अपनी।

—*'बिस्मिल' सईदी*

बेगाने जो शुरू से हैं उनका ज़िक्र क्या?
अपने भी ग़ैर हो गये इसका मलाल है।

—*'अम्न' लखनवी*

शाहराहे-आम से पाबन्द होता है क़दम,
उस तरफ़ से चल जिधर से रास्ता जाता नहीं।

—*'शफ़ीक़' जौनपुरी*

थीं जो कल तक कश्ती-ए-उम्मीद को थामे हुए,
रुख़ बदल कर आज वो मौजें भी तूफ़ां हो गयीं।

—*'शफ़क़' टोंकी*

क़रीब आओ तो शायद हमें समझ लोगे,
ये फ़ासले तो ग़लतफ़हमियां बढ़ाते हैं।

— अज्ञात

मैं परबतों से लड़ता रहा और चंद लोग,
गीली ज़मीन खोद के फ़रहाद हो गये।

—'राहत' इंदौरी

वो जो मिलता रहा बहाने से,
अब तो आता नहीं बुलाने से।

— नीलम कश्यप

चिराग़ घर का हो, महफ़िल का हो कि मंदिर का,
हवा के पास कोई मसलहत नहीं होती।

—'वसीम' बरेलवी

हर्फ़-हर्फ़ सोचिए, लफ़्ज़-लफ़्ज़ बोलिए,
ग़ौर-ओ-फ़िक्र कीजिए, फिर ज़ुबान खोलिए।

—'हक़' कानपुरी

दुनिया ने दाग़दार बना दी है ज़िंदगी,
कोना ज़रा सा मैला जो चादर का हो गया।

—'शहाब' मुरादाबादी

कामयाबी के नहीं हम ज़िम्मेदार,
काम की हद तक हमारा काम है।

— अज्ञात

मिलने की यही राह, न मिलने की यही राह,
दुनिया जिसे कहते हैं, अजब राहगुज़र है।

—'आसी' ग़ाज़ीपुरी

सारे चमन को मैं तो समझता हूं अपना घर,
तू आशियांपरस्त है, जा आशियां बना।

—'सीमाब' अकबराबादी

सहर ने अंधी गली की तरफ़ नहीं देखा,
जिसे तलब थी उसी की तरफ़ नहीं देखा।

—'मंज़र' भोपाली

कुछ मेरी तबीयत भी वो पहली-सी नहीं है,
कुछ लोगों का अंदाज़ भी बदला-सा लगे है।

—'अज़ीज़' नहटौरी

यूं तसल्ली दे रहा हूं मैं दिले-बीमार को,
जिस तरह थामे कोई गिरती हुई दीवार को।

—'क़तील' शिफ़ाई

ईद का दिन है गले आज तो लगिए साहिब,
रस्मे-दुनियां भी है, मौक़ा भी है, दस्तूर भी है।

— अज्ञात

दिल के रिश्ते ही गिरा देते हैं दीवारें भी,
दिल के रिश्तों को ही दीवार कहा जाता है।

— अज्ञात

सच्चाइयों का कोई ख़रीदार ही न था,
शाख़ों पे फूल सूख गये, ख़ार बिक गये।

—'अशरफ़' मालवी

कारवां अज़्म का रोके से कहीं रुकता है,
लाख तुम राह में दीवार उठाते जाओ।

—'मोहसिन' भोपाली

सियासत

कहां तो तय था चिराग़ां हर एक घर के लिए,
कहां चिराग़ मयस्सर नहीं शहर के लिए।

— दुष्यंत कुमार

यहां तो सिर्फ़ गूंगे और बहरे लोग बसते हैं,
ख़ुदा जाने यहां पर किस तरह जलसा हुआ होगा।

— दुष्यंत कुमार

कच्चे मकान जिनके जले थे फ़साद में,
अफ़सोस उनका नाम ही बलवाइयों में था।

— नईम 'जज़्बी'

जंग में क़त्ल सिपाही होंगे,
सुर्ख़रू ज़िल्ले-इलाही होंगे।

—'मौज' रामपुरी

कैसे कैसे हैं रहबर हमारे,
कभी इस किनारे, कभी उस किनारे।

—'राज़' इलाहाबादी

घरों पे नाम थे नामों के साथ ओहदे थे,
बहुत तलाश किया कोई आदमी न मिला।

— बशीर 'बद्र'

जितने भी लफ़्ज़ हैं वो महकते गुलाब हैं,
लहजे के फ़र्क़ से इन्हें तलवार मत बना।

—'क़तील' शिफ़ाई

जफ़ा के ज़िक्र पे तुम क्यों संभल के बैठ गये,
तुम्हारी बात नहीं बात है ज़माने की।

— अज्ञात

यूं ही रोज़ मिलने की आरज़ू, बड़ी रख रखाव की गुफ़्तगू,
ये शराफ़तें नहीं बेग़रज़, उसे आप से कोई काम है।

— अज्ञात

सियासत की अपनी अलग इक ज़बां है,
लिखा हो जो इक़रार, इनकार पढ़ना।

—अज्ञात

ब-फ़ज़्ले-मस्लहत ऐसा भी होता है ज़माने में,
कि रहज़न को अमीरे-कारवां कहना ही पड़ता है।

— अज्ञात?

मेरे सय्याद की तालीम की है धूम गुलशन में,
यहां जो आज फंसता है, वो कल सय्याद होता है।

—'अकबर' इलाहाबादी

बाग़बां ने यह अनोखा सितम ईजाद किया,
आशियां फूंक के पानी को बहुत याद किया।

—'चकबस्त'

किया है मिलने का वादा और वो भी पांचवें दिन का,
किसी से सुन लिया होगा कि दुनिया चार दिन की है।

— अज्ञात

शायद मुझे निकाल कर पछता रहे हैं आप,
महफ़िल में इस .ख़याल से फिर आ गया हूं मैं।

— अदम

.ख़ैर हो उस मुसाफ़िर की जिसके लिए,
आज हर राहज़न पासबां बन गया।

—'वामिक़' जौनपुरी

मस्जिद की अज़ां हो कि शिवाले का गजर हो,
अपनी तो ये हसरत है किसी तरह सहर हो।

— क़तील शिफ़ाइ

ऐ क़ाफ़िले वालो, तुम इतना भी नहीं समझे,
लूटा तुम्हें रहज़न ने, रहबर के इशारे पर।

—'तरन्नुम' कानपुरी

गर अम्न की .ख़ातिर हो तो जंग है बेहतर,
गर जंग हो मक़सद तो सियासत नहीं अच्छी।

—'राज़' नोमानी

जो बाग़बां फूलों का वफ़ादार नहीं है,
गुलशन की हिफ़ाज़त का वो हक़दार नहीं है।

— फ़ीरोज़ राहत

माहौल मेरे शहर का, हां पुर-सुकूं न था,
लेकिन बटा हुआ ये क़बीलों में यूं न था।

— अज्ञात

क़लम के सिपाही अगर सो गये तो,
वतन के मसीहा वतन बेच देंगे।

— अज्ञात

जिसके किरदार पे शैतान भी शर्मिंदा है,
वो भी आये हैं यहां करने नसीहत हमको।

—'माजिद' देवबंदी

इस बरस हमने ज़मीनों में धुंआ बोया है,
फल नहीं आएंगे अब, शाख़ों पे बम आएंगे।

—'राहत' इंदौरी

सिर्फ़ बाक़ी रह गया बेलौस रिश्तों का फ़रेब,
कुछ मुनाफ़िक़ हम हुए, कुछ तुम सियासी हो गये।

— *'निश्तर' ख़ानक़ाही*

हकूमत से एज़ाज़ अगर चाहते हो,
अंधेरा है, लेकिन लिखो रोशनी है।

— *'अशरफ़' मालवी*

व्यंग्य

किस वक़्त आप मेरी अयादत को आये हैं,
जब सुन चुके, गले से उतरती दवा नहीं।

—*'मुश्तर' लखनवी*

यां आने से किस वास्ते जलता है हमारे,
आशिक़ तो नहीं है कहीं दरबान तुम्हारा।

—*'तसकीन' देहलवी*

ग़ैर को आने न दूं, तुझको कहीं जाने न दूं,
काश! मिल जाए तेरे दर की दरबानी मुझे।

—*'हैरत' बदायूंनी*

रो रहे हैं दोस्त मेरी लाश पर बेअख़्तियार,
यह नहीं दरियाफ़्त करते किसने इसकी जान ली।

—*'अकबर' इलाहाबादी*

वादा किया था फिर भी न आये मज़ार पर,
हमने तो जान दी थी, इसी ऐतबार पर।

—'अज़ीज़' लखनवी

कहा जो मैंने कि 'दिल चाहता है प्यार करूं',
तो मुस्करा के वो कहने लगे कि 'प्यार के बाद' !

—'अकबर' इलाहाबादी

ये भी एक बात है अदावत की,
रोज़ा रक्खा जो हमने दावत की।

—'अमीर' मीनाई

ख़्वाब में उनको किसी ने रात छेड़ा है ज़रूर,
देखते हैं ग़ौर से मुझको बुला के सामने।

—अज्ञात

हरदम बुतों की सूरत, रखता है दिल नज़र में,
होती है बुतपरस्ती अब तो ख़ुदा के घर में।

—मीर 'दर्द'

पढ़ते हैं आदमी ही क़ुरान और नमाज़ यां,
और आदमी ही उनकी चुराते हैं जूतियां।

—'नज़ीर' अकबराबादी

भरते हैं मेरी आह को वो ग्रामोफ़ोन में,
कहते हैं फ़ीस लीजिए और आह कीजिए।

—'अकबर' इलाहाबादी

क्या जाने उसे वहम है क्या मेरी तरफ़ से,
जो ख़्वाब में भी रात को तनहा नहीं आता।

—'ज़ौक़'

दर पै पड़ने को कहा और कह के कैसा फिर गया,
जितने अरसे में मेरा लिपटा हुआ बिस्तर खुला।

—'ग़ालिब'

उग रहा है दरो दीवार पर सब्ज़ा 'ग़ालिब',
हम बयांबां में हैं और घर में बहार आयी है।

—'ग़ालिब'

उलझा है पांव यार का ज़ुल्फ़-ए-दराज़ में,
लो आप अपने दाम में सय्याद आ गया।

—'मोमिन'

मिट्टी जो देने आये हो तो दो हंसी ख़ुशी,
फेंको भी अब ग़ुबार को दिल से निकाल के।

—'अमीर' मीनाई

ऐसी जन्नत को क्या करे कोई,
जिसमें लाखों बरस की हूरें हों।

—'दाग़'

हकीम और वैद्य यकसां हैं, अगर तशफ़ीश अच्छी हो,
हमें सेहत से मतलब है, बनफ़्शा हो या तुलसी हो।

—'अकबर' इलाहाबादी

सच कहा था किसी दोस्त ने मुझसे 'सीमाब',
अम्न हो जाए, अगर मुल्क़ में अख़बार न हों।

—'सीमाब' अकबराबादी

मौत आने तक न आये अब जो आये हो तो हाय,
ज़िंदगी मुश्किल ही थी, मरना भी मुश्किल हो गया।

—*'फ़ानी'*

हम हाल उन्हें यूं दिल का सुनाने में लगे हैं,
कुछ कहते नहीं, पांव दबाने में लगे हैं।

—*'हसरत' मोहानी*

'मुसहफ़ी' हम तो ये समझे थे कि होगा कोई ज़ख़्म,
तेरे दिल में तो बहुत काम रफ़ू का निकला।

—*'मुसहफ़ी'*

ये मेरे वास्ते ताकीद है दरबानों पर,
कि 'उसे मैं भी बुलाऊं तो न आने पाये'।

—*'दाग़'*

मर गये फिर भी तग़ाफ़ुल ही रहा आने में,
बेवफ़ा पूछे है- 'क्या देर है ले जाने में?'

—*'ज़ौक़'*

जो इस शोर से 'मीर' रोता रहेगा,
तो काहे को हमसाया सोता रहेगा।

—*'मीर'*

गर्दिश रही नसीब में या रब तमाम उम्र,
'साग़र' बनाके क्यों मेरी मिट्टी .ख़राब की।

—*'साग़र' निज़ामी*

सुन के मेरी मर्ग बोले—मर गया अच्छा हुआ,
क्या बुरा लगता था, जिस दम सामने आ जाए था।

—*'मोमिन'*

अयादत को मेरी आकर वो यह ताकीद करते हैं,
'तुझे हम मार डालेंगे, नहीं तो जल्द अच्छा हो'।

—*'दाग़'*

अपनी जगह पे देख सकेंगे न ग़ैर को,
जाया करेंगे और ही रस्ते से सैर को।

—*'सहर'*

वां उनको यह गुमान कि दामन भी तर नहीं,
यां हाल यह कि आ गया पानी गले-गले।

—*'अफ़सर' मेरठी*

हंसी है उनको हर सूरत से दिल क़ाबू में कर लेना,
बिगड़ कर, मुस्करा कर, गर्म होकर, महरबां होकर।

—*'हफ़ीज़' जौनपुरी*

क़ातिल का नाम लिख दिया क्यों मेरी क़ब्र पर,
लेते हैं राहगीर भी बोसे मज़ार के।

—*'सीमाब' अकबराबादी*

महदूद थी निगाह हर इक शख़्स की मगर,
कहने को सारा शहर तरक़्क़ीपसंद था।

—*'मौज'*

वो एक लफ़्ज़ की .ख़ुशबू न रख सका महफ़ूज़,
मैं उसके हाथ में सारी किताब क्या देता।

— *अज्ञात*

जिन पत्थरों को हमने अता की थीं धड़कनें,
जब बोलने लगे तो हमीं पर बरस गये।

— अज्ञात

आजकल ऐसे वफ़ादार बदल जाते हैं,
जैसे हर सुबह के अख़बार बदल जाते हैं।

—'अशरफ़' मालवी

दावेदार बहुत थे, लेकिन कूच समय यह हाल हुआ,
जिससे पूछो वही पुकारे साथी! पांव में छाला है।

— हसन आबिद

मयकदा

पीकर भी तबीयत में तल्ख़ी है गरानी है,
इस दौर के शीशों में सहबा है कि पानी है।

— अज्ञात

साक़ी की शर्म, पासे-सुबू, जाम का लिहाज़,
आदाब-ए-मयकदा भी हैं कुछ मयक़शी के साथ।

— अज्ञात

ऐसा मयकश कौन मयख़ाने से रुख़सत हो गया,
हिचकियां ले ले के रोती है सुराही आज तक।

— अज्ञात

नींद आ रही है उनको, पलकें झपक रही हैं,
लो बंद हो रहा है मेरा शराबख़ाना।

— अज्ञात

फ़सले-बहार आयी पियो मोमिनो शराब,
बस हो चुकी नमाज़, मुसल्ला उठाइए।

—'आतिश'

ऐ 'ज़ौक़', देख दुख़्तरे-रिज़ को न दिल लगा,
छुटती नहीं है मुंह से ये काफ़िर लगी हुई।

—'ज़ौक़'

सद साला दौरे-चर्ख़ था साग़र का एक दौर,
निकले जो मयकदे से तो दुनिया बदल गयी।

—'गुस्ताख़' रामपुरी

देखा किये वो मस्त निगाहों से बार-बार,
जब तक शराब आये, कई दौर हो गये।

— अज्ञात

कर्ज़ की पीते थे मय, लेकिन समझते थे कि हां,
रंग लाएगी हमारी फ़ाक़ामस्ती एक दिन।

—'ग़ालिब'

गो हाथ को जुंबिश नहीं आंखों में तो दम है,
रहने दो अभी साग़रो-मीना मेरे आगे।

—'ग़ालिब'

दिल थामता कि चश्म पर करता तेरी निगाह,
साग़र को देखता कि मैं शीशा संभालता।

— हकीम सनाउल्लाह 'फ़िराक़'

झुक-झुक के शीशे मिलते हैं, हंस-हंस के जामे-मय,
यह मयकदा मुक़ाम नहीं है ग़रूर का।

— अज्ञात

मुझे यह फ़िक्र, सब की प्यास अपनी प्यास है साक़ी,
तुझे ये ज़िद कि ख़ाली है मेरा पैमाना बरसों से।

— अज्ञात

दर अभी बन्द न हो शौक़ के मयख़ाने का,
जामे-जम और अभी, जामे-सिफ़ाल और अभी।

— अज्ञात

ये क्या मज़ाक़ फ़रिश्तों को आज सूझा है,
.ख़ुदा के सामने ले आये हैं पिला के मुझे।

—'रियाज़' ख़ैराबादी

अज़ां हो रही है, पिला जल्द साक़ी,
इबादत करूं आज मख़मूर होकर।

— अज्ञात

ज़ाहिद शराब पीने दे मस्जिद में बैठ कर,
या वो जगह बता कि जहां पर .ख़ुदा नहीं।

— अज्ञात

मैं तो तब मानूं, मेरी तौबा के बाद,
करके मजबूर पिला दे साक़ी।

—'जिगर' मुरादाबादी

जो ज़हर हलाहल है, अमृत भी वही लेकिन,
मालूम नहीं तुझको, अंदाज़ ही पीने के।

—'फ़िराक़' गोरखपुरी

नमाज़े-ईद हुई मयकदे में धूम से आज,
'रियाज़' बादाकशों ने हमें इमाम किया।

—'रियाज़' ख़ैराबादी

काबे में नज़र आये जो सुबह अज़ां देते,
मयख़ानों में रातों को उनका भी गुज़र देखा।

—'रियाज़' ख़ैराबादी

मुस्कराते हुए यूं आये वो मयख़ाने में,
रुक गयी सांस छलकते हुए पैमानों की।

—'जोश' मलीहाबादी

मैं मयकदे की राह से होकर गुज़र गया,
वर्ना सफ़र हयात का काफ़ी तवील था।

—'अदम'

इरशाद हो तो मैं इसे आंखों पे फेर लूं,
भीगा हुआ है आप का दामन शराब में।

—'अदम'

ज़माने की रफ़्तार से तंग आकर,
'अदम' कर लिया मयकदे में बसेरा।

—*'अदम'*

कहते हैं उम्रे-रफ़्ता कभी लौटती नहीं,
जा मयकदे से मेरी जवानी उठा के ला।

—*'अदम'*

मय नहीं, दर्द सही, ज़हर सही, झूम के पी,
तेरा इंकार न साक़ी को पशेमां कर दे।

—*'रविश' सिद्दीक़ी*

बज़्म में इन मदभरी आंखों को गर्दिश दे मगर,
इसका अंदाज़ा तो कर ले किसको कितना होश है।

—*'अफ़सर' मेरठी*

निज़ामे-मयकदा साक़ी बदलने की ज़रूरत है,
हज़ारों हैं सफ़ें ऐसी, न मय आयी न जाम आया।

—*'मजरूह' सुलतानपुरी*

निकल कर दैरो-काबा से अगर मिलता न मयख़ाना,
तो ठुकराये हुए इंसां .ख़ुदा जाने कहां जाते।

— क़तील शिफ़ाई

हश्र तक, जी में है, बेहोश रहूं मैं साक़ी,
काश मय भर दे मेरे उम्र के पैमाने में।

—'नासिख़'

मयकदा जन्नत है, इतनी बात थी,
जिसको वाइज़ तूल से फ़रमा गये।

—'असर' लखनवी

भला तौबा का मयख़ाने में क्या ज़िक्र?
जो है भी तो कहीं टूटी पड़ी है।

—'जलील' मानिकपुरी

ऐ होश तुझको आने से मैं रोकता नहीं,
साक़ी को तेरे आने की, लेकिन .ख़बर न हो।

—'हफ़ीज़' जौनपुरी

हाथ से किसने साग़र पटका, मौसम की बेकैफ़ी पर,
ऐसा बरसा टूट के बादल, डूब चला मयख़ाना भी।

— *'आरज़ू' लखनवी*

मयकदे में कभी तौबा को जो जाते देखा,
एक दीवार खड़ी हो गयी पैमानों की।

— *'नूर' नारवी*

जब भी आता है जाम हाथों में,
सैकड़ों नाम याद आते हैं।

—*'अदम'*

विविध

जबीं पर सादगी, नीची निगाहें, बात में नरमी,
मुख़ातिब कौन कर सकता है तुमको लफ़्ज़े-क़ातिल से।

—'जोश' मलीहाबादी

हो तुमको मुबारक ऐ माली, ये नरगिस, चम्पा और जुही,
हमने तो फ़क़त गुलशन से तेरे, इक रात की रानी मांगी थी।

— अज्ञात

न हुआ पर न हुआ 'मीर' का अन्दाज़ नसीब,
'ज़ौक़' यारों ने बहुत ज़ोर ग़ज़ल में मारा।

—'जौक़'

संभाला होश तो मरने लगे हसीनों पर,
हमें तो मौत ही आयी शबाब के बदले।

— मजाज़

बाज़ी बदी थी उसने मेरे चश्मे-तर के साथ,
आख़िर को हार हार के बरसात रह गयी।

— मीर 'दर्द'

कीजे न 'जमील' उर्दू का सिंगार, अब ईरानी तलमीहों से,
पहनेगी बिदेसी गहने क्यों, ये बेटी भारत माता की।

—'जमील' मज़हरी

एक हफ़्ते से बहम सातों मयस्सर हैं मुझे,
दश्त, दरिया, सब्ज़ा, साक़ी, शीशा, साग़र, चांदनी।

—'नासिख़'

'वसीम' शहर में सच्चाइयों के लब होते,
तो आज ख़बरों में सब ख़ैरियत नहीं होती।

—'वसीम' बरेलवी

हम ख़ुश हैं हमें धूप विरासत में मिली है,
अजदाद कहीं पेड़ भी कुछ बो गये होते।

— शहरयार

कुछ कटी हिम्मते-सवाल में उम्र,
कुछ उम्मीदे-जवाब में गुज़री।

—*'फ़ानी'*

जिस काम को तू मना करेगा हमें नासेह,
हम छोड़ के सौ काम वही काम करेंगे।

—*'रियाज़' ख़ैराबादी*

कमज़ोर हुए अश्क़ों से घर के दरो-दीवार,
रोने के लिए लेंगे किराये का मकां और।

—*'रियाज़' ख़ैराबादी*

मैं जिया भी दुनिया में और जान भी दे दी,
यह न खुल सका लेकिन, आप की ख़ुशी क्या थी।

—*'सीमाब' अकबराबादी*

मिलना था इत्तफ़ाक़, बिछड़ना नसीब था,
वो इतनी दूर हो गया जितना क़रीब था।

— *अज्ञात*

ग़म बयां करने का कोई और ढंग ईजाद कर,
तेरी आंखों का यह पानी तो पुराना हो गया।

—'वसीम' बरेलवी

तुम अपने बारे में कुछ देर सोचना छोड़ो,
तो मैं बताऊं कि तुम किस क़दर अकेले हो।

—'वसीम' बरेलवी

तुम आसमां की बुलंदी से जल्द लौट आना,
हमें ज़मीं के मसाइल पे बात करनी है।

— अज्ञात

बेअमल को दुनिया में राहतें नहीं मिलतीं,
दोस्तो! दुआओं से जन्नतें नहीं मिलतीं।

—'मंज़र' भोपाली

जिसको बड़ा ग़रूर था अपने वजूद पर,
वो आफ़ताब शाम की चौखट पे मर गया।

—'शाहिद' साग़री

आप तो रात सो लिये साहिब,
हमने तकिये भिगो लिये साहिब।

—'मौज'

ऐ ज़िंदगी वो कौन सा लम्हा था जिसके बाद,
हम क़हक़हा-मिज़ाज भी संजीदा हो गये।

—'मौज'

ऐसा भी इत्तिफ़ाक़ मुझे बारहा हुआ,
उनसे मिला हूं उनका पता पूछता हुआ।

—'आसी' उल्दनी

जुदा हों यार से हम और न हो रक़ीब जुदा,
है अपना मुक़द्दर जुदा, नसीब जुदा।

— अज्ञात

क्या कीजिए इस दौर के मुंसिफ़ की नज़र में,
मुजरिम है वही जिसकी ख़ता कोई नहीं है।

—'तरन्नुम' कानपुरी

सज़ाएं बेगुनाहों को मिलेंगी बेगुनाही की,
कि फ़र्दे-जुर्म से मुजरिम की मुंसिफ़ बेख़बर होंगे।

—अली सरदार जाफ़री

फ़ैसला होता है नेकी-ओ-बदी का हर दम,
दिल को इस सीने में छोटी सी अदालत समझो।

—'शाद' अज़ीमाबादी

इस दौरे-मुंसिफ़ी में ज़रूरी नहीं 'वसीम',
जिस शख़्स की ख़ता हो उसी को सज़ा मिले।

— 'वसीम' बरेलवी

हिम्मत न हार एक क़दम का ही फ़र्क़ है,
कांटों की वादियों से गुलों के दयार तक।

—'अदम'

दिल के आईने में है तस्वीरे-यार,
जब ज़रा गर्दन झुकायी, देख लिया।

— अज्ञात

क़र्ज़ लाया न मैं अलफ़ाज़ जवाबों के लिए,
लाख पेचीदा सवालों ने मुझे घेर लिया।

—'अशरफ़' मालवी

नक़्शा उठा के और कोई शहर देखिए,
इस शहर में तो सब से मुलाक़ात हो गयी।

— निदा फ़ाज़ली

तमतमा रही हैं रात की सियाहियां,
शायद अब हमें कोई चिराग़ मिल सके।

—'क़तील' शिफ़ाई

□□□